PROJETO ARQUITETÔNICO
COMPATIBILIZAÇÃO DE PROJETOS

CB058930

Glauco Belmiro Rocha

PROJETO ARQUITETÔNICO
COMPATIBILIZAÇÃO DE PROJETOS

Freitas Bastos Editora

Copyright © 2024 by Glauco Belmiro Rocha

Todos os direitos reservados e protegidos pela Lei 9.610, de 19.2.1998.
É proibida a reprodução total ou parcial, por quaisquer meios, bem como a produção de apostilas, sem autorização prévia, por escrito, da Editora.
Direitos exclusivos da edição e distribuição em língua portuguesa:
Maria Augusta Delgado Livraria, Distribuidora e Editora

Direção Editorial: Isaac D. Abulafia
Gerência Editorial: Marisol Soto
Diagramação e Capa: Sofia de Souza Moraes
Copidesque e Revisão: Doralice Daiana da Silva

Dados Internacionais de Catalogação na Publicação (CIP) de acordo com ISBD

F672p	Rocha, Glauco Belmiro
	Projeto Arquitetônico: compatibilização de projetos / Glauco Belmiro Rocha. - Rio de Janeiro : Freitas Bastos, 2024.
	148 p. ; 15,5cm x 23cm.
	Inclui bibliografia.
	ISBN: 978-65-5675-433-8
	1. Arquitetura. 2. Projetos arquitetônicos. I. Título.
2024-2847	CDD 720
	CDU 72

Elaborado por Odilio Hilario Moreira Junior - CRB-8/9949

Índice para catálogo sistemático:
1. Arquitetura 720
2. Arquitetura 72

Freitas Bastos Editora
atendimento@freitasbastos.com
www.freitasbastos.com

SUMÁRIO

1	INTRODUÇÃO	9
2	RESUMO	11
3	NORMAS TÉCNICAS PARA PROJETO EXECUTIVO	15
4	ESCALAS	17
5	FORMATO DE FOLHAS	19
6	ETAPAS DO PROJETO ARQUITETÔNICO	21
	6.1 ESTUDO PRELIMINAR	21
	6.1.1 Levantamento de dados	21
	6.1.2 Programa de necessidades	22
	6.1.3 Memorial de Concepção	23
	6.1.4 Estudo de viabilidade	24
	6.1.5 Estudo preliminar ou anteprojeto	25
	6.2 PROJETO LEGAL	29
	6.3 PROJETO BÁSICO	31
	6.4 PROJETO EXECUTIVO	33
	6.5 MEMORIAL DESCRITIVO	33
7	PROJETO EXECUTIVO	37
	7.1 CONCEITUAÇÃO	37
8	COMPATIBILIZAÇÃO	45
	8.1 CONCEITUAÇÃO	45
	8.2 OBJETIVOS DO PROCESSO	47
	8.3 PREVENÇÃO	48
	8.4 ORÇAMENTO	48
	8.5 PROJETO	49
	8.6 PRAZOS	49
9	O PROJETO NA FASE DO PLANEJAMENTO DA OBRA	51
	9.1 INCOMPATIBILIDADES - PROBLEMAS	52
	9.2 PATOLOGIAS CAUSADAS PELA FALTA DE COMPATIBILIZAÇÃO	53

10	COORDENAÇÃO DO PROJETO	57
11	O PROCESSO DE COMPATIBILIZAÇÃO	61
12	SOBREPOSIÇÃO DE PLANTAS E CORTES	63
	12.1 METODOLOGIA	63
	12.2 ORGANIZAÇÃO	68
13	DETECÇÃO DE INTERFERÊNCIAS	71
	13.1 INTERFACES ENTRE TODAS AS DISCIPLINAS	71
	13.2 ESTUDO DE CASO 1 – RESIDÊNCIA UNIFAMILIAR	71
	13.3 ARQUITETURA X ESTRUTURA	72
	13.4 ARQUITETURA X ELÉTRICA	83
	13.5 ARQUITETURA X HIDRÁULICA X ESGOTO	84
	13.6 ARQUITETURA X AR-CONDICIONADO	86
	13.7 ESTRUTURAS X INSTALAÇÕES	87
	13.8 INSTALAÇÕES X INSTALAÇÕES	89
14	O ESTUDO PRELIMINAR E A COMPATIBILIZAÇÃO	91
	14.1 ESTUDO PRELIMINAR DE ARQUITETURA	93
	14.2 ESTRUTURA	94
	14.3 INSTALAÇÕES	96
15	PROJETOS TÉCNICOS	99
	15.1 COZINHAS	99
	15.2 CLÍNICAS ODONTOLÓGICAS	100
	15.3 ESTABELECIMENTOS COMERCIAIS	108
16	INTERFACES	111
	16.1 ESTRUTURA X INSTALAÇÕES	111
	16.2 INSTALAÇÕES X ARQUITETURA X MOBILIÁRIO	113
	16.2.1 Lojas	115
	16.2.2 Cozinhas e restaurantes	116
	16.2.3 Cozinha residencial	117
	16.2.4 Restaurante	123
17	COMPATIBILIZAÇÃO DE PROJETOS EM BIM	127
	17.1 A METODOLOGIA BIM	127

17.2	A PRIMEIRA ETAPA REFERE-SE AOS REQUISITOS DE INFORMAÇÃO E AO PEB	132
17.3	MODELAGEM PARAMETRIZADA E SOFTWARES	132
17.4	PROCESSO DE COMPATIBILIZAÇÃO EM BIM	134
17.5	GESTÃO DE OCORRÊNCIAS – BCF	135
18	**CONCLUSÃO**	**137**
19	**ÍNDICE DE PROJETOS AUTORAIS**	**139**
20	**ÍNDICE DE FOTOGRAFIAS**	**141**
	REFERÊNCIAS	**143**

Glauco Belmiro Rocha é arquiteto e urbanista formado pela Universidade de Guarulhos (1993) e mestre em arquitetura pela mesma universidade (2003). Titular da Glauco Rocha Arquitetura, escritório fundado em 1993, com atuação nos segmentos residencial, comercial, institucional, interiores e urbanismo. Possui no portfólio dezenas de projetos em cada um desses segmentos, com diversas publicações em revistas especializadas, além de dois projetos expostos na 5ª Bienal Internacional de Arquitetura e Design de São Paulo (2003). É professor de projetos e desenho em cursos de arquitetura, urbanismo e design de interiores, tendo lecionado em diversas faculdades.

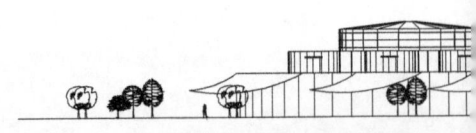

1 INTRODUÇÃO

Quando pensamos em projeto, a primeira coisa que nos vem à mente é o de que algo é criado para ser executado no futuro, uma ideia, um plano, um sistema organizado. A própria definição da palavra é o de antever, pensar adiante, planejar, prever de forma organizada algo que deverá ser efetivado, executado, construído.

O projeto nunca é algo em si mesmo, é um meio, um planejamento que visa à sua concretização. É a busca de soluções que orientam e direcionam para uma perfeita execução e, portanto, na concretização de uma ideia. Além disso, ele procura harmonizar as várias disciplinas dentro dele, tendo sempre como baliza maior o regente da orquestra, o projeto de arquitetura.

Ao elaborar um projeto de arquitetura, o profissional possui nas primeiras etapas de concepção, seja no estudo preliminar, no anteprojeto ou no projeto pré-executivo, uma ideia de como ficará a edificação depois de pronta, porém, há algumas etapas a serem percorridas até sua finalização.

A etapa do Projeto Executivo tem por finalidade assegurar, por meio de seu desenvolvimento, a realização da concepção original de forma completa, segura e econômica. No conteúdo dessa etapa, inclui-se o processo que assegura a exata execução e comprometimento com prazos e orçamentos, além de minimizar desperdícios e retrabalho, tanto na fase de projeto quanto na obra e nos orçamentos, por meio da compatibilização dos projetos.

Conforme a Norma Brasileira de Elaboração e Desenvolvimento de Serviços Técnicos Especializados de Projetos Arquitetônicos e Urbanísticos, Parte 2: Projeto arquitetônico (NBR 16636-2), a compatibilização é uma etapa do projeto executivo que assegura, por meio de um procedimento de análise e verificação das interferências que cada disciplina exerce sobre as outras, que elas se harmonizem e se adequem perfeitamente, sem que haja nenhum conflito entre elas.

A compatibilidade é uma característica em que diversas disciplinas componentes do projeto não conflitam entre si, e que todas as informações compartilhadas são objetivas e confiáveis até o final do projeto e, consequentemente, da obra.

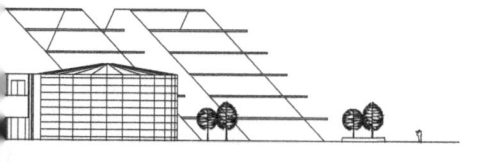

Neste livro, dedicado a estudantes, arquitetos, engenheiros e planejadores, pretendo mostrar por meio de uma linguagem simples e objetiva, a importância da fase de compatibilização do projeto na etapa do projeto executivo, destacando os diversos agentes envolvidos, as interfaces entre cada uma das disciplinas principais de um projeto de edificação, pontos conflitantes mais comuns a serem observados, além dos procedimentos e cuidados.

Por meio de exemplos, será apresentada a importância do procedimento desde a etapa do estudo preliminar até a relevância em projetos técnicos. Além dos benefícios do processo em todas as suas instâncias, desde a concepção do projeto até a finalização da obra e os prováveis prejuízos ocasionados pela ausência ou falha neste processo.

2 RESUMO

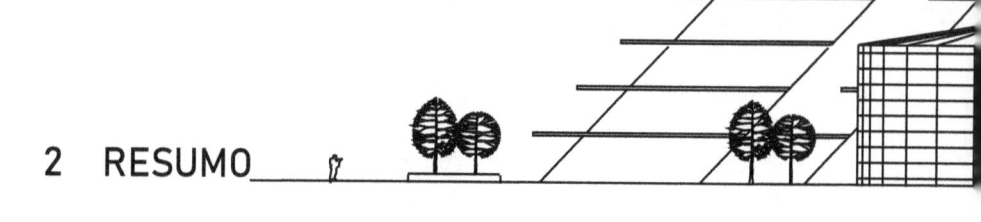

A indústria da construção civil constitui uma das áreas cuja cadeia produtiva é considerada uma das maiores do país. As proporções são gigantescas, tanto em contingente humano como em materiais, serviços e insumos. O PIB da construção civil, que é a soma de todas as vendas realizadas pelo setor e, portanto, as riquezas geradas, tem um impacto direto no resultado do desempenho de toda a economia brasileira devido ao seu funcionamento, conforme descrito pelo Engenheiro Jonathan Degani:

> Como sabemos, a construção civil é um dos grandes motores da nossa economia. Segundo o Estadão, em 2019 a construção civil representava 6,7 milhões de postos de trabalho. Isso era o equivalente a 7,3% de todos os empregos no Brasil. Ou seja, uma a cada catorze pessoas empregadas trabalha na construção civil (Eng. Jonathan Degani, 2022)[1]

O processo construtivo brasileiro ainda segue uma cartilha tradicional de métodos artesanais como o emprego da água na mistura do concreto e um número elevado de mão de obra desqualificada. Em contraste, temos a construção industrializada a seco e com mão de obra especializada. Esse processo tradicional resulta em números elevados no índice de desperdício de materiais e erros durante a construção.

São vários os agentes envolvidos em todas as etapas de um empreendimento, seja de pequeno ou grande porte, como arquitetos, projetistas, construtores, fornecedores, investidores e outros. E nesse caminho muitas são as possibilidades de falhas e desperdícios em uma obra. A necessidade de se buscar um maior desempenho no processo construtivo, com menor índice de desperdício, no descarte de materiais e de falhas humanas, nos leva a buscar métodos e soluções mais eficientes desde a concepção do projeto até a sua efetiva construção.

---

1 Informação fornecida pelo Engenheiro Jonathan Degani em 15/09/2022.

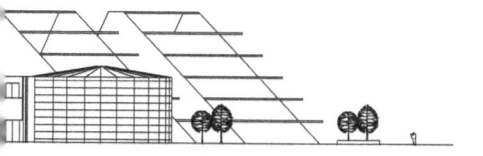

Nesse sentido, temos o projeto que explica, apresenta as soluções, direciona e é o elemento fundamental do planejamento da obra. E nessa etapa, mais especificamente do projeto executivo, temos a compatibilização dos projetos que é um processo capaz de detectar todas as interferências entre as diversas disciplinas componentes do projeto, o que faz diminuir ou eliminar possíveis falhas durante a execução, aperfeiçoando o desenvolvimento do produto.

A importância da compatibilização dos projetos nos leva a antecipar qualquer desajuste ou incompatibilidade entre a arquitetura, estrutura, elétrica, hidráulica e quantas forem as disciplinas envolvidas, com o intuito de resolver tais incongruências ainda na fase de projeto, antes de se iniciar a obra. De acordo com Callegari (2007):

> A compatibilização é a atividade de gerenciar e integrar os vários projetos de determinada obra, visando o perfeito ajuste entre eles, com objetivo de minimizar os conflitos existentes, simplificando a execução, otimizando e racionalizando os materiais, o tempo, a mão de obra e, por fim, a manutenção. Compreende, também, a ação de detectar falhas relacionadas às interferências e inconsistências físicas entre vários elementos da obra.

A atuação correta dos projetistas face a este procedimento proporciona a qualidade almejada na execução da obra, garantindo que a determinação dos prazos previstos no cronograma seja atendida sem atrasos em decorrência das falhas no projeto, como a falta de compatibilização, sem que haja desperdício de materiais. Dessa forma, assegura também a previsão dos custos planejados para o empreendimento. Quando uma interferência não é detectada, vários problemas são gerados, como retrabalhos tanto no projeto quanto na obra com improvisos, o que gera um gasto maior de tempo e, consequentemente, o aumento dos custos.

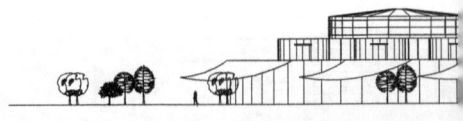

As falhas na compatibilização ou a ausência desta entre os projetos complementares, são os principais geradores de problemas. Em estruturas, por exemplo, a não previsão de furos para passagem de dutos, conduítes ou tubulações e a existência de desvios não previstos em projeto nas instalações hidráulicas devido à estrutura podem causar problemas de pressão e fluído da hidráulica nas tubulações.

A elaboração do projeto de estruturas envolve não só conhecimentos técnicos, mas também bom senso para atender da melhor maneira possível o projeto de arquitetura. Essa elaboração pode ter pontos que impactam a arquitetura prejudicando a estética da edificação, além de interferências com tubulações projetadas. Como exemplo de interferência, temos tubulações projetadas pela equipe de instalações hidráulicas e de ar-condicionado, que podem estar passando no meio de uma viga, laje ou pilar das estruturas de concreto. Já as da arquitetura, podemos ter pilares/vigas com dimensões e locais não previstos que podem interferir nas posições de portas e janelas, além de criação de saliências que prejudicam a estética da edificação. Esses problemas são muito comuns e por isso é importante e imprescindível que seja feita a compatibilização entre projetos. A equipe dessa área faz reuniões com os projetistas envolvidos para achar a melhor solução para os problemas constatados.

Conforme as palavras do engenheiro Paulo Noda (2024):

> Somente após análises e aprovação da equipe de compatibilização, os projetos são liberados para execução, de maneira a eliminar ou minimizar problemas durante a execução da obra.[2]

Além dos problemas citados, também podemos exemplificar os das instalações elétricas, com o posicionamento inadequado de interruptores e tomadas e a má distribuição da iluminação, o que pode prejudicar a iluminação homogênea ou dirigida dos ambientes. Outro caso é no projeto de ar-condicionado, se não tiver a adequação dos drenos com a estrutura e demais interferências, pode ocasionar improvisos não adequados durante a obra.

Geralmente os projetos chamados complementares, instalações elétricas, hidráulicas e ar-condicionado são elaborados após a definição dos de arquitetura e estrutura, isso faz com que fiquem

---

2   Informação fornecida pelo Engenheiro Paulo Noda em 27/02/2024.

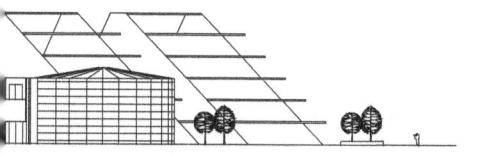

limitados aos espaços definidos nos projetos "principais", muitas vezes insuficiente para a acomodação de todos os sistemas. Nesse sentido, o engenheiro Mauro L. C. Baccaglini (2024) explica que:

> A maior atenção deve ser dada às instalações hidráulicas de esgoto e água pluvial, que são sistemas por gravidade, nesses casos temos além da ocupação indicada em planta, uma ocupação vertical dos espaços, definindo um volume que deve ser destinado a essas tubulações.[3]

Para evitar esses problemas é essencial a compatibilização entre as disciplinas, desde o início da concepção dos projetos.

A compatibilização, portanto, se apresenta como uma etapa fundamental para a solução de falhas projetuais e sua prevenção. Detectá-las é o que denota um bom desenvolvimento do projeto, a qualidade do produto e a probabilidade de uma obra enxuta, sem imprevistos ou improvisos, além de custos e prazos dentro do previsto.

---

3   Informação fornecida pelo Engenheiro Mauro L. C. Baccaglini em 27/02/2024.

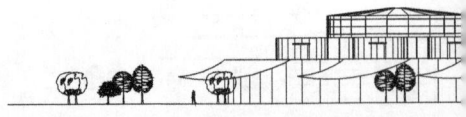

3 NORMAS TÉCNICAS PARA PROJETO EXECUTIVO

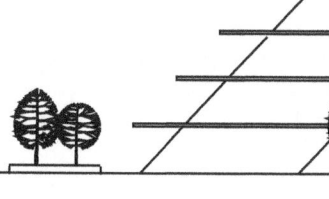

A Associação Brasileira de Normas Técnicas (ABNT) é o órgão responsável pela normalização técnica em todas as áreas e segmentos no Brasil. No projeto executivo ela contribui para a qualidade, segurança e compatibilidade do projeto. Nesse sentido, destacam-se as seguintes normas relacionadas a esse processo:

- **NBR 16636-2:2017** estabelece os procedimentos gerais e as diretrizes para a aplicabilidade e produção das principais etapas para a elaboração e o desenvolvimento dos serviços especializados de projetos técnicos profissionais, arquitetônicos e urbanísticos.
- **NBR 13532:1995** (elaboração de projetos de edificações – Arquitetura) aborda a confecção dos projetos arquitetônicos, regulando as condições exigidas para a construção de edificações, além de detalhar quais as informações de referência devem constar do projeto.
- **NBR 6492:1994** fixa as condições exigíveis para representação gráfica de projetos de arquitetura, visando à sua boa compreensão. Esta Norma não abrange critérios de projeto, que são objeto de outras normas ou de legislações específicas de municípios ou estados.
- **NBR 10647:1989** (norma geral do desenho técnico). Ela determina as nomenclaturas utilizadas nesse trabalho, os tipos de desenhos, o grau de elaboração, o grau de especificação, o material utilizado e as técnicas de execução (à mão ou no computador).
- **NBR 16280:2014** estabelece as etapas de obras de reformas e lista os requisitos para antes, durante e depois de uma reforma em um prédio ou em uma unidade.
- **NBR 15575:2021** trata da qualidade da produção habitacional, e estabelece os requisitos para os sistemas de pisos, sistemas de vedações verticais internas e externas, sistemas de coberturas, e sistemas hidrossanitários.
- **NBR 16636:2017** estabelece as diretrizes e procedimentos gerais para a produção e aplicabilidade das principais etapas para a elaboração e o desenvolvimento dos serviços especializados de projetos técnicos profissionais, urbanísticos e arquitetônicos.

Além dessas, há diversas normas específicas para cada segmento ou disciplina. Para citar algumas delas, temos normas para projetos estruturais, instalações elétricas e hidráulicas, ar-condicionado, coberturas, impermeabilizações, prevenção e combate a incêndio.

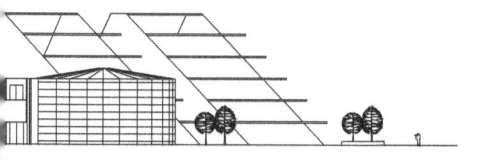

4 ESCALAS

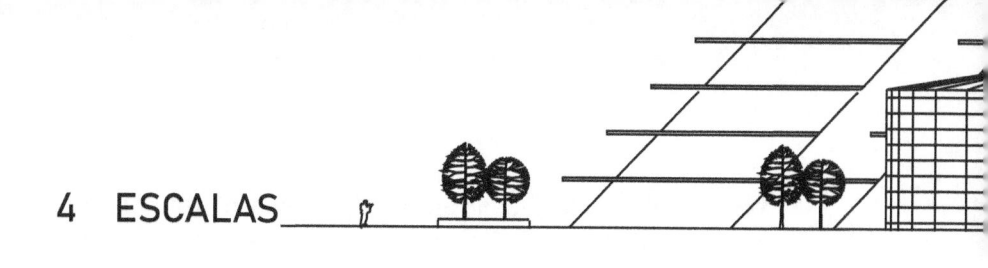

Escala é uma determinada proporção de tamanho em relação às dimensões reais das coisas. Quando tratamos de projetos de edificações, elas são a relação entre cada medida do desenho e a sua dimensão real. Nesse caso, o projeto é desenvolvido em uma escala reduzida do tamanho real, para que caiba nas folhas de desenho de tamanho padrão, ou seja, várias vezes menor que o tamanho natural.

As escalas podem ser de redução ou de ampliação. No caso das edificações, utilizamos as de redução, e essa proporção menor muitas vezes depende da etapa do projeto e do nível de informação que queremos apresentar. O objetivo é apresentar uma interpretação fácil da informação. As escalas são representadas da seguinte forma:

A escala natural é sempre 1:1 ou 1/1, ou seja, a proporção 1 é igual à verdadeira grandeza correspondente, portanto, o desenho possui a mesma proporção que o mesmo tamanho real. Desta forma, temos:

1:1 = 1 (unidade do desenho): 1 (unidade real).

Podemos separar um número do outro tanto por dois pontos quanto por um traço. Nas escalas de redução, a verdadeira grandeza vem primeiro, acompanhado na sequência pela proporção de "n" vezes menor que o tamanho real. Ex.: 1:50 ou 1/50 significa que o desenho possui uma proporção de 50 vezes menor que o tamanho real, como, por exemplo:

Escala 1:100 – cada 1 unidade do desenho corresponde a 100 unidades reais, isto é, 1 cm no desenho corresponde a 100 cm reais.

Escrevemos escala 1: X para escalas de redução.

As escalas de redução recomendadas pela NBR 6492 (Representação de Projetos de Arquitetura) são:

1:5	1:75	1:10	1:2	1:25
1:50		1:100	1:20	1:250
1:500			1:200	

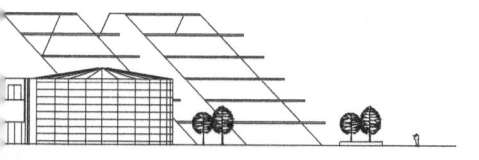

Nos projetos arquitetônicos de edificações utilizamos normalmente as escalas de 1/100 para estudos preliminares e projetos legais. Quando se trata de anteprojeto, pré-projeto, projeto básico e projeto executivo, utilizamos a escala 1/50. E para detalhamentos as escalas variam conforme nível de informação e o tamanho natural do pormenor, como as de 1/20, 1/25, 1/10, 1/5 e assim por diante.

Para projetos de urbanismo, por se tratar de grandes áreas, utilizamos escalas como 1/200, 1/500, 1/1000 para que caibam nas folhas padrão. As escalas de ampliação normalmente são utilizadas para peças muito pequenas, em que temos que ampliar para se ter melhor visualização. Estas são muito utilizadas para peças de design de joias ou na área de mecânica e industrial em projetos de peças, ferragens etc.

As escalas de ampliação recomendadas são: 2:1, 5:1, 10:1, 20:1, 50:1, conforme a NBR 8196 sobre escalas em desenho técnico. Nota-se que ao contrário da escala de redução o número que vem primeiro é a proporção de "x" vezes maior que a verdadeira grandeza representada por 1.

As escalas de redução e ampliação são chamadas de numérica. Além desta, há também a Escala Gráfica, que é a representação gráfica da escala numérica. Exemplo:

Uma escala de 1/50 pode ser representada por segmentos iguais de 2 cm, pois 1m/50= 0,02 m= 2 cm. Representado da seguinte forma:

Figura 4.1

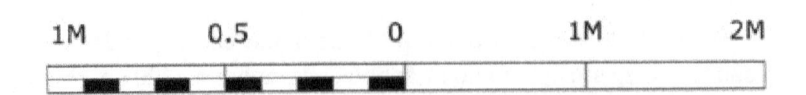

1M   0.5   0   1M   2M

Fonte: Elaborada pelo autor.

O primeiro segmento à esquerda é dividido em dez partes iguais a fim de permitir a leitura de grandezas que possuam um único decimal.

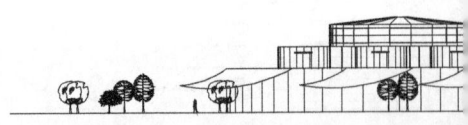

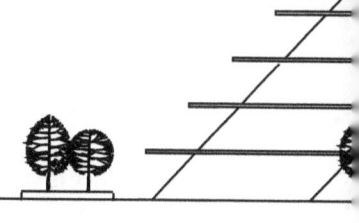

5   FORMATO DE FOLHAS

O projeto executivo é uma etapa extremamente técnica e seguimos, portanto, todas as normas do desenho técnico. A exemplo disso, temos as folhas ou pranchas de desenho nos tamanhos padrões estabelecidos pela NBR 10068, que determina sobre formato, layout e dimensões.

Os tamanhos de folha seguem os formatos da série "A", em que os desenhos devem estar nas escalas e tamanho condizente ao da folha sem que comprometa sua leitura e interpretação. Dessa forma, temos os seguintes formatos, com medidas em milímetros:

Figura 5.1

Fonte: Elaborada pelo autor.

A0 - 1189 x 841
A1 - 841 x 594
A2 - 594 x 420
A3 - 420 x 297
A4 - 297 x 210
A5 - 210 x 148
A6 - 148 x 105

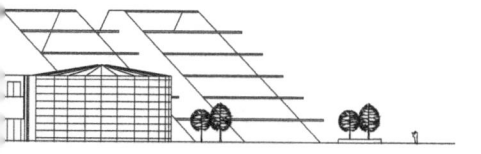

O formato "A" tem como base o formato A0, retângulo de área igual a 1 m² com 1189 mm x 841 mm, o qual contém todos os demais formatos subdivididos em retângulos menores.

Cada formato possui a metade das dimensões do anterior, havendo múltiplos e submúltiplos. Eles derivam das dimensões dos papéis vendidos no comércio, em folhas avulsas ou rolos. O projetista deve procurar fazer todas as pranchas de um projeto em único formato para que siga um padrão e facilite seu manuseio.

6 ETAPAS DO PROJETO ARQUITETÔNICO

Para entendermos a etapa do projeto executivo é necessário saber quais as etapas que compõem um projeto arquitetônico e que antecedem a do projeto executivo, em conformidade com a NBR 16636-2 de 2017. O projeto arquitetônico é composto por:

1. Estudo Preliminar;
    1.1. Levantamento de dados;
    1.2. Programa de necessidades;
    1.3. Memorial de concepção;
    1.4. Estudo de viabilidade;
    1.5. Definição do partido, peças gráficas e ilustrações;
2. Projeto Legal;
3. Projeto Básico;
4. Projeto Executivo;
5. Memorial Descritivo Executivo.

6.1 ESTUDO PRELIMINAR

Esta etapa concentra as diversas informações iniciais que embasam a concepção do projeto até a sua efetiva definição (NBR 16636-2 de 2017).

6.1.1 Levantamento de dados

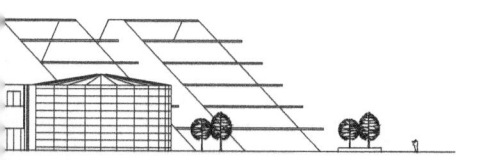

Nesta fase são analisadas informações do terreno e local, como levantamento planialtimétrico, análise do entorno, clima, ventos, insolação, legislação local, índices construtivos, levantamento fotográfico, do terreno e arredores. Para isso, são realizadas visitas ao terreno, pesquisa de restrições ambientais se houver, técnica construtiva local etc. O primeiro profissional envolvido nesse processo é o topógrafo, este irá elaborar o levantamento planialtimétrico e gerar uma planta com curvas de nível, distâncias, ângulos etc.

Na prefeitura e demais órgãos públicos são levantados os índices construtivos, recuos e demais restrições legais e ambientais do local. A visita e levantamento fotográfico no terreno e entorno também servirá de base para o projeto.

A tecnologia construtiva e mão de obra disponível do local, bem como materiais locais utilizados nas construções também são elementos que agregam informação e coloca o projeto em consonância com questões de sustentabilidade.

6.1.2 Programa de necessidades

Essa etapa é feita junto ao cliente. É elaborada uma lista com todos os ambientes desejados, características funcionais do edifício, ocupação, fluxogramas, organogramas, exigências a serem atendidas no projeto, características arquitetônicas de preferência, materiais utilizados na construção etc. Essa é uma tarefa importante porque quanto mais informações do cliente forem obtidas, mais assertivo e sujeito a menos revisões ou alterações será o projeto.

Exemplos:

RESIDÊNCIA AP

Descrição da casa:
- Casa grande com 250m² a/c;
- Sala ampla em dois ambientes;
- Quatro dormitórios, sendo duas suítes;
- Dois banheiros;
- Cozinha;
- Ampla varanda com vista para o jardim e piscina;
- Piscina 4x8 em alvenaria com deck espaçoso;
- Churrasqueira;
- Salão de festas com vestiários M/F;
- Salão de jogos;
- 01 campo de futebol;
- Lavanderia e garagem.

RESIDÊNCIA EC

- Casa com área de 380 m², formato em "Y";
- Escadas com 18 m de extensão, 30 m de pé-direito e 1,20 m de largura;
- No nível da rua: hall, lavabo e um home office com portas de correr para o hall e um pequeno escritório integrado;
- No nível superior: quatro suítes (sendo três simples com minicloset e uma master com espaço para um sofá e tv), closet com doze portas de 60 cm. Banheiro com banheira tradicional, uma varanda e um hall de distribuição com um sofá e tv e um nicho de armário para rouparia.
- Nível inferior: Sala de 90 m² (jantar, estar, lareira), cozinha, sala de jantar com acesso à churrasqueira, despensa e lavanderia. Banheiro e quarto de empregada na lateral do corredor de serviço dando fundos para a churrasqueira.

6.1.3 Memorial de Concepção

Este documento é produzido com o objetivo de descrever o processo conceptivo e ao mesmo tempo serve como justificativa da elaboração do projeto. Os itens descritos são a metodologia utilizada no processo, características do partido, condicionantes tecnológicas e materiais empregados.
Exemplo:

Ficha técnica
Autor: Arq. Glauco Rocha
Área construída: 297 m²
Localização: Jundiaí – SP
Para quem foi projetada: um casal com dois filhos.
Materiais:
Alvenaria convencional;
Estrutura de concreto armado;
Esquadrias de alumínio branco;
Pisos em porcelanato rústico;
Forros de gesso pintados de branco;
Revestimentos externos em massa texturizada e pedra madeira;
Telhas de cerâmica.

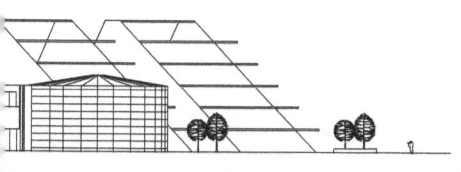

Descrição: A casa foi projetada para um casal amantes das artes plásticas que desejava uma residência moderna e arrojada, com boas vistas para o terreno. Para atendê-los, como ponto de partida a estrutura foi projetada de uma forma octogonal (uma representação do baguá, elemento do feng shui), utilizando materiais claros e rústicos e detalhes em vermelho.

A construção aproveita o aclive natural do terreno. Com quase 300 m², a casa tem dois pavimentos: o primeiro, no nível da rua, é totalmente ocupado pela garagem: no segundo, na parte alta do terreno, estão os setores sociais, íntimos e de serviços. Como a área de lazer deveria ficar separada da casa, a edícula ao lado da piscina abriga churrasqueira, sauna, duchas e o ateliê da proprietária.

A distribuição interna dos ambientes é racional: como os proprietários gostam de receber amigos, a ampla sala de estar com dois ambientes e a sala de jantar ocupa a parte da frente da construção e se abre para um grande terraço, que serve como ampliação do living, interligado com este setor, a cozinha com copa e um bar utilizado para festas; já a ala íntima está nos fundos da casa voltada para o lazer. Na garagem para vários carros, uma ampla escada caracol revestida com blocos de vidro na cor azul permite o acesso à casa. Uma coluna vermelha no centro ao fundo com vigas concêntricas sustenta toda a ala social da casa em balanço. Um cilindro em concreto armado pintado de vermelho no topo do telhado abriga a caixa d'água e dá o toque diferencial da edificação.

6.1.4 Estudo de viabilidade

Com todas as informações anteriores, é feita uma análise e escolha de qual será a técnica construtiva empregada na edificação, tipo de estrutura, vedações, materiais, análise do potencial construtivo face a legislação, o que define a metragem da construção, número de pavimentos, altura etc., além do programa de necessidades. Todas essas informações são necessárias para viabilizar as aprovações do projeto nos órgãos públicos pertinentes.

Exemplo:
Arquiteto: **Glauco Rocha**
Área total: **260m²**
Área construída: **260m²**
Cobertura: **telhas de barro**
Esquadrias: **madeira Muiracatiara**
Estrutura: **madeira Maçaranduba**
Fechamento: **alvenaria de tijolos cerâmicos.**
Forro: **madeira Cedrinho**
Fundação: **concreto armado**
Laje: **material pré-moldado**
Paredes: **reboco rústico tipo colonial**
Piso: **porcelanato rústico**
Revestimentos: **massa texturizada, na cor amarela da marca Ibratin**
Tempo de execução da obra: **12 meses**
Tempo de execução do projeto: **4 meses**

6.1.5 Estudo preliminar ou anteprojeto

Nesta fase, reunindo todas as informações anteriores é possível esboçar o projeto com a elaboração de plantas, cortes, fachadas, gráficos, ilustrações e maquetes. Produção de material gráfico completo para que possa elucidar com clareza todo o projeto.

Nessa etapa inicial do projeto, normalmente utilizamos a escala de 1/100, por ser de abrangência maior, permite uma boa visualização do conjunto sem entrar em detalhes. Porém, dependendo do tamanho da edificação pode-se utilizar outra, se for um ambiente pequeno, pode-se usar uma escala de 1/50, enquanto para desenho urbano, escalas de 1/500, 1/1000 etc.

O estudo preliminar é a concepção do projeto, em que o arquiteto coloca em prática todo o seu conhecimento, criatividade e sensibilidade. Nele deve estar contido todas as necessidades e desejos do cliente, com uma arquitetura que seja adequada à topografia e ao local, utilizando materiais e tecnologia adequados e de forma exequível.

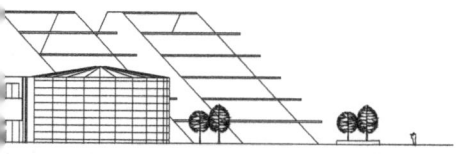

É nessa fase que o projeto é apresentado ao cliente e qualquer alteração ou ajuste deve ser feito preferencialmente nesse momento, pois à medida que o projeto avança, qualquer alteração se torna cada vez mais complexa.

O projeto sendo aprovado pelo cliente, todo o desenvolvimento sequencial segue normalmente sem alterações, salvo alguma mudança em função da legislação na aprovação legal ou por questões técnicas na etapa do projeto executivo ou compatibilização dos projetos.

Figura 6.1 Croquis de estudo de projeto

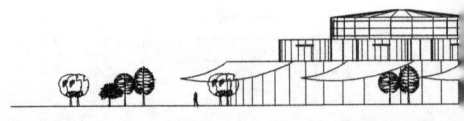

Fonte: Elaborada pelo autor.

Figura 6.2 Projeto 1 Térreo

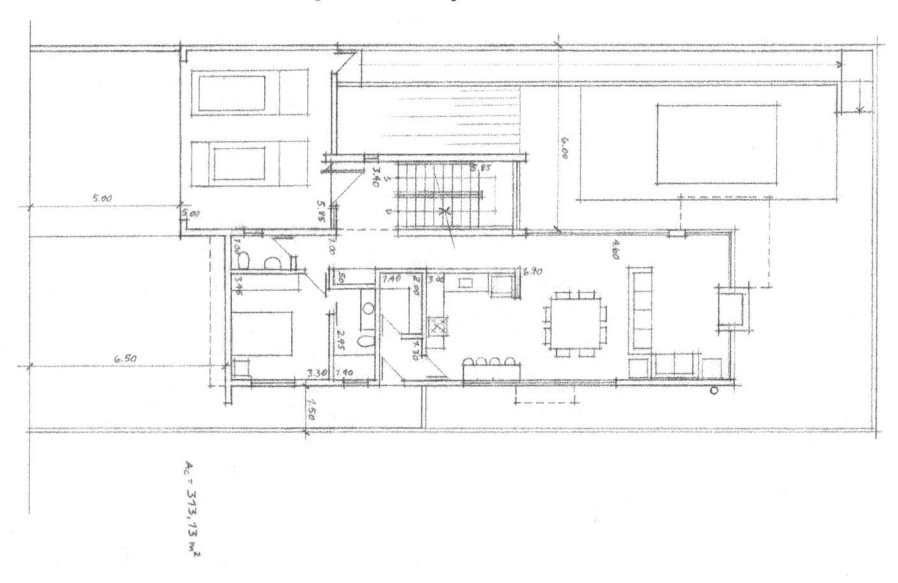

Fonte: Elaborada pelo autor.

Figura 6.3 Projeto 1 Superior

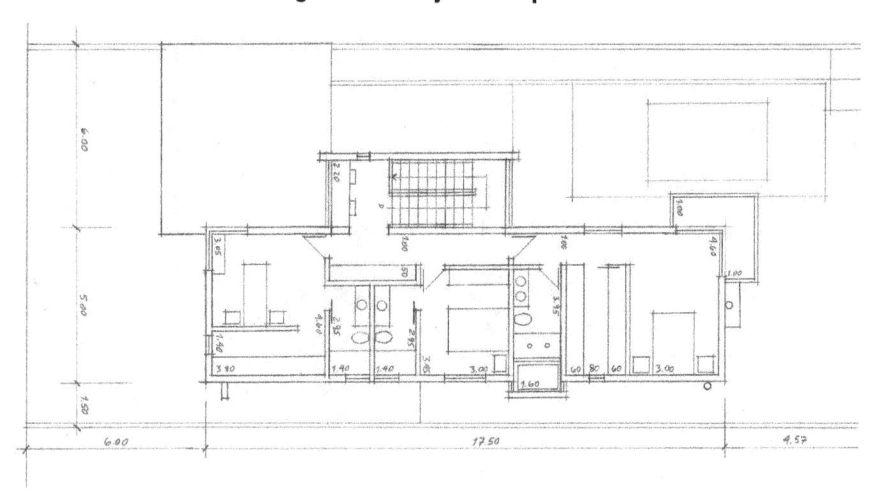

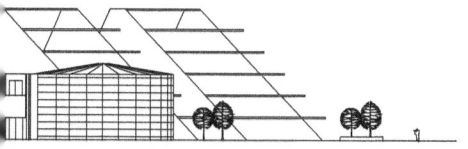

Fonte: Elaborada pelo autor.

Figura 6.4 Projeto 1 Fachada Frontal

Fonte: Elaborada pelo autor.

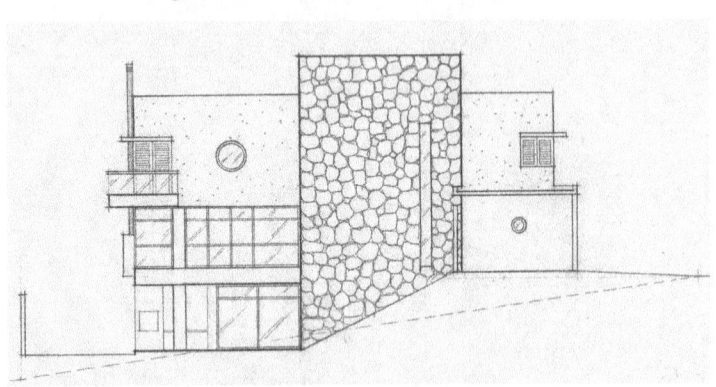

Figura 6.5 Projeto 1 Fachada Lateral

Fonte: Elaborada pelo autor.

Figura 6.6 Projeto 1

Figura 6.7 Projeto 1

Fonte: Elaborada pelo autor.

6.2 PROJETO LEGAL

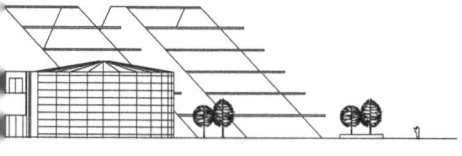

O projeto legal consiste na junção de vários documentos, como escritura do terreno, documentos do proprietário, do autor e responsável técnico. Além da elaboração do projeto padrão prefeitura com atendimento a todas as normas técnicas e legislação local, seja ela municipal, estadual ou federal e normas de acessibilidade quando necessário. Inclui também o protocolo e acompanhamento do processo junto aos órgãos públicos até a obtenção dos alvarás de aprovação do projeto e construção da edificação.

O projeto legal, vulgarmente chamado de "planta de prefeitura", contém os elementos gráficos e informações suficientes para a análise de legislação pelo órgão público. A escala mais utilizada nessa fase é a 1/100 que normalmente é padrão para os projetos legais na maioria das prefeituras, mas pode haver alguma exigência diferente de acordo com as normas de cada prefeitura.

O formato de apresentação também pode variar conforme a exigência de cada prefeitura. Temos o padrão tradicional no qual são desenhadas todas as paredes internas com as cotas e descrições dos ambientes e também o padrão simplificado, no qual são desenhadas somente as linhas externas que contornam a edificação e efeito hachuras em cinza ou cores para identificação das áreas.

De acordo com as exigências do local, além da prefeitura municipal, outros órgãos podem ser necessários para aprovação do projeto como, Cetesb, Depave, Comaer, entre outros. Após tudo devidamente legalizado e com a obtenção dos alvarás, o projeto pode ser encaminhado para as demais etapas com mais segurança.

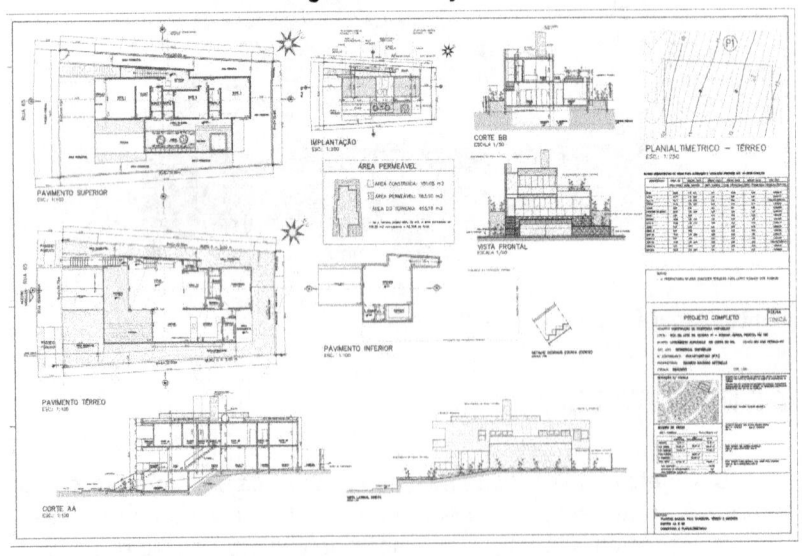

Figura 6.8 Projeto 2

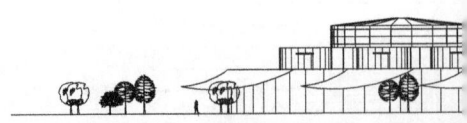

Fonte: Elaborada pelo autor.

Neste projeto temos, plantas, cortes, fachadas, levantamento planialtimétrico, quadro de áreas, alguns detalhes, notas e o carimbo com os dados do local, proprietário, autor do projeto e responsável técnico.

Figura 6.9

Fonte: Elaborada pelo autor.

O sistema de aprovação de projetos também pode variar de acordo com o município. Existem duas modalidades: o formato físico, cujas cópias assinadas do projeto são entregues à prefeitura, e o simplificado, em que documentos são inseridos e enviados pelo sistema eletrônico da prefeitura.

6.3 PROJETO BÁSICO

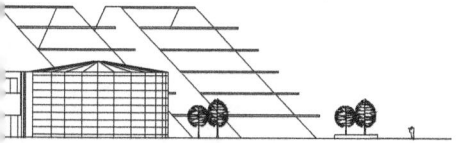

Esta etapa, que alguns também chamam de pré-executivo, consiste no desenvolvimento do projeto na escala de projeto executivo. Geralmente é utilizada a escala de 1/50 e maiores, como 1/20, 1/10 etc., para detalhes. Com a ampliação da escala muito detalhes se tornam visíveis, possibilitando a elaboração de plantas, cortes e fachadas e dessa forma o projeto é resolvido de uma forma mais ampla.

Outro fator importante é que o projeto de arquitetura é enviado para todos os complementares iniciarem uma compatibilização mais ampla e dessa forma sanar problemas maiores que podem interferir inclusive na concepção do projeto.

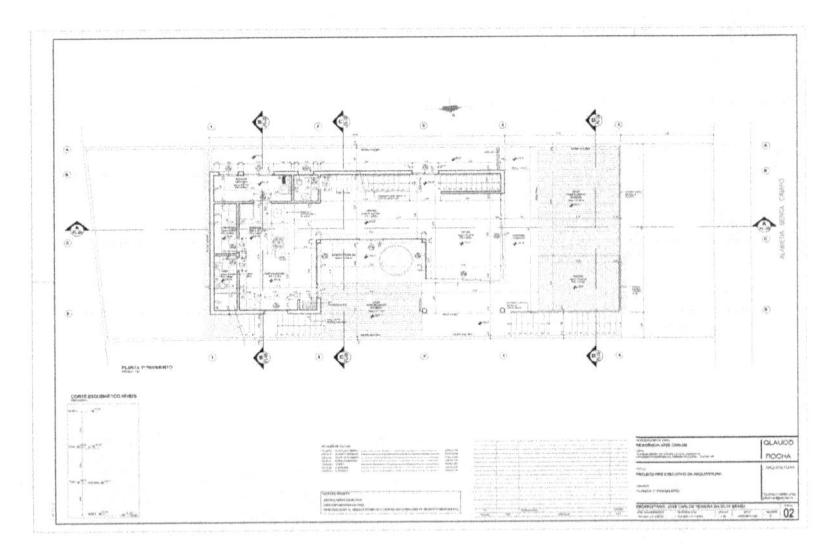

Figura 6.10 Projeto 3

Fonte: Elaborada pelo autor.

Nessa etapa, o projeto já desenvolvido na escala 1/50 possui um nível de detalhamento maior e é utilizado para uma pré-compatibilização com os complementares, possibilitando a resolução de algumas interferências mais destacadas.

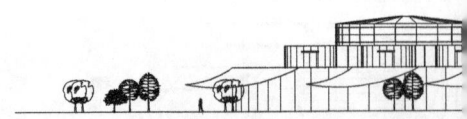

6.4 PROJETO EXECUTIVO

Esta é a última etapa do projeto e nela contém a fase de compatibilização.
Abordaremos de forma mais detalhada no tópico seguinte.

6.5 MEMORIAL DESCRITIVO

Memorial descritivo é um documento produzido com o objetivo de descrever o processo e as técnicas construtivas da obra e a especificação dos materiais e revestimentos utilizados. Pode conter detalhes construtivos específicos como esquemas de hidráulica e elétrica, sistemas mecanizados etc.
Veja a seguir um exemplo de Memorial Descritivo de Construção:

TIPO DE CONSTRUÇÃO: Residência Unifamiliar
LOCAL DA OBRA: Capão Bonito – SP.
PROPRIETÁRIOS: Adalberto Júlio Soares Palialol
OBJETIVO: Projeto para a Construção de uma Residência Unifamiliar
Área do terreno: R = E = 5.000,00 m²
Área Construção: 435,72 m²

PREPARO DO TERRENO

Será feita a limpeza do terreno e o movimento mínimo de terra. O corte e aterro serão realizados manualmente atendendo às cotas do projeto. Os aterros serão compactados a no mínimo 98% do proctor normal, e o material em excesso dos cortes será removido para bota fora.

FUNDAÇÕES E ESTAQUEAMENTOS

Serão executadas brocas ou estacas sob blocos intertravados por baldrames em concreto armado, de acordo com determinação do resultado da sondagem, cálculos estruturais e normas ABNT. O concreto moldado *in loco* terá fck > 18MPa e o aço será CA50, CA60.

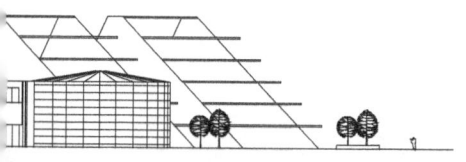

ALICERCES

Em alvenaria de tijolos ou blocos sobre baldrame de concreto armado.

ESTRUTURA

A edificação será estruturada, com sua fundação, pilares, vigas, vergas, escadas e lajes em concreto armado, sendo todas peças calculadas e dimensionadas de acordo com as normas brasileiras. O concreto utilizado terá Fck maior ou igual a 20MPa e o aço do tipo CA 50 e CA60.

IMPERMEABILIZAÇÃO

As áreas de piso molháveis e terraços serão impermeabilizadas com manta asfáltica. E baldrames com massa de cimento, areia e Vedacit nas proporções recomendadas pelo fabricante.

CAMADA ISOLADORA DOS ALICERCES

Constituída de fiadas de tijolos ou blocos, assentes com argamassa de cimento, cal e areia.

EMBASAMENTO

Revestido de camada impermeável tanto interna como externamente até uma altura de 0.30 m.

PAREDES

Em alvenaria de tijolos cerâmicos, assentes com argamassa de cal, areia e cimento. Os materiais e espessuras atenderão as condições de conforto térmico, segurança, salubridade e estabilidade.

LAJES

Serão do tipo pré-fabricada, com capeamento em concreto armado de acordo com as necessidades da obra, e determinadas por meio do cálculo estrutural e normas ABNT. As lajes terão espessura de 15 cm para piso e forro.

FORRO

Forro em gesso ou madeira com acabamento em massa corrida e pintura em látex.

ESQUADRIAS

Esquadrias em alumínio anodizado branco.

VIDROS

Vidros incolor nas espessuras 4 mm e 8 mm.

COBERTURA

Telhado cerâmico ou com telhas de cimento.

REVESTIMENTO PAREDES

As internas serão revestidas com argamassa de cimento e areia. Já externamente e nas áreas molháveis barra impermeável resistente até o teto.

REVESTIMENTO PISOS

INTERNOS: A compactação do terreno será realizada mediante rolo compactador vibratório, seguido de espalhamento de bica corrida servindo de base para o piso em concreto armado. Nas áreas molháveis serão utilizados pisos cerâmicos PEI 5, enquanto nas salas e dormitórios serão usados pisos de madeira ou porcelanatos.

EXTERNOS: Serão pisos cerâmicos PEI 5 da Porto Bello ou porcelanato e pedra mineira.

CONDUTORES

Condutores poderão ser embutidos ou à vista. A captação das águas na laje de cobertura será feita por ralos e conduzidas por tubulações embutidas ou à vista.

PINTURA

Látex, nas paredes e forros internos, enquanto externamente será utilizada massa texturizada.

DEMAIS SERVIÇOS

Estão inclusos a limpeza e remoção do entulho durante e após a construção.

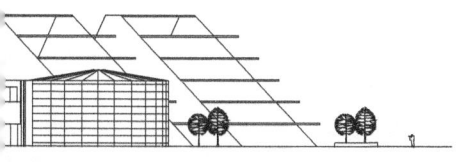

INSTALAÇÕES ELÉTRICAS

Será dimensionada e executada conforme as normas da ABNT 5410 e da concessionária Eletropaulo em todos os seus itens. Os conduítes serão flexíveis pretos de ponta azul e as caixas de passagem de material plástico. Os fios serão revestidos com material plástico da marca Pirelli que atendem às especificações de projeto elaborado por Profissional Habilitado. O quadro disporá de aterramento e disjuntores por circuitos independentes. Já no pavimento térreo serão instaladas as tomadas de energia comum alimentadas pelo quadro de luz e força conforme o projeto. As instalações elétricas serão embutidas em todos os compartimentos da residência.

INSTALAÇÕES HIDRÁULICAS

Serão dimensionadas e executadas dentro das normas da ABNT 8160/93 para esgoto. Utilizando as normas 5626/82 para água fria, 7198/82 para água quente e 10844/89 para águas pluviais. Ademais, atenderão os regulamentos da Concessionária que atende a região de Santana de Parnaíba, no tocante a instalações de água fria e escoamento das águas pluviais e de esgoto. A tubulação de esgoto e pluvial será de PVC rígido tipo predial. A tubulação de água quente será de cobre revestido com material de isolamento térmico. Já a de água potável será de PVC marrom. A água proveniente da cozinha será conduzida para caixas de gordura e de inspeção e desta para a rede coletora de esgoto existente. As caixas de inspeção serão em alvenaria com cantos arredondados e os tampões com fechamento hermético e em concreto. Os desconectores CRS e RS terão caixa de ralo sifonado e em PVC rígido. Haverá uma caixa d'água com capacidade de 2.000 litros. As águas pluviais de cobertura serão captadas pelas calhas em chapas de ferro galvanizado, fibrocimento ou plástico, sendo os condutores embutidos ou à vista.

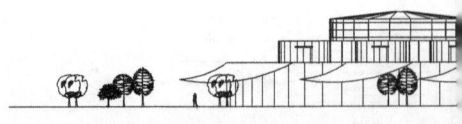

7 PROJETO EXECUTIVO

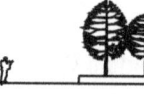

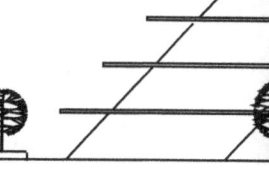

7.1 CONCEITUAÇÃO

De acordo com o Manual de Obras Públicas, o **projeto executivo** é:

> O conjunto de informações técnicas necessárias e suficientes para a realização do empreendimento, contendo de forma clara, precisa e completa todas as indicações e detalhes construtivos para a perfeita instalação, montagem e execução dos serviços e obras [...].

Na cadeia produtiva de um projeto, a etapa do projeto executivo é a que mais impacta o nosso trabalho como arquitetos na sociedade. Nele está contido não apenas toda a contextualização histórica, mas também as necessidades do cliente, o atendimento à legislação, ao clima, à cultura local, aos materiais adequados, à tecnologia da construção etc.

A resolução de todas essas questões proporciona a execução desse complexo quebra-cabeça de forma perfeita e assim elimina também os imprevistos e improvisações, executando toda a obra dentro dos prazos preestabelecidos.

O projeto arquitetônico possui em cada uma de suas etapas um procedimento específico, caracterizando desse modo o conceito e metodologia de desenvolvimento dessa etapa, seja o estudo preliminar, o projeto legal ou executivo. Aqui vamos focar no projeto executivo de arquitetura, seu **modus operandi**, metodologia de desenvolvimento e tudo que está envolvido nesse processo.

O projeto executivo é a viabilização técnica da concepção arquitetônica, nele contém todas as soluções técnicas capazes de tornar o projeto exequível, isto inclui todos os detalhamentos arquitetônicos, bem como os projetos complementares, tais como estrutura, fundações, instalações hidrossanitárias e elétricas, entre outros.

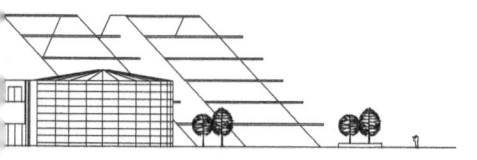

Segundo o Conselho de Arquitetura e Urbanismo (CAU), o projeto executivo é :

> A solução definitiva apresentada na forma de plantas, cortes, especificações e memoriais de tudo o que envolve a obra a ser executada, incluindo distribuição dos elementos do sistema estrutural, distribuição das redes elétrica, hidráulica, sanitária, telefônica etc. (CAU/ BR, 2024).

Por se tratar de uma etapa extremamente técnica, todo o processo deve seguir rigorosamente as normas da ABNT. Esta desempenha um papel fundamental na regulamentação do projeto executivo estabelecendo diretrizes e critérios técnicos para a elaboração de projetos, visando a padronização e a garantia da qualidade das edificações.

Uma das orientações da ABNT é em relação à representação gráfica adequada das informações contidas no projeto executivo. A norma NBR 8196, por exemplo, estabelece os princípios gerais de representação em desenho técnico, enquanto a NBR 6492 aborda a representação de projetos de arquitetura.

Uma das características do projeto executivo é sua escala, cuja ampliação se torna necessária para o melhor entendimento e detalhamento. Quando aumentamos a escala, seguindo um padrão para edificações de 1/50, ou qualquer outra superior à etapa anterior, supondo foi elaborado desenhos mais abrangentes, com menor grau de detalhamento, observamos a necessidade ou até a facilidade para gerarmos mais informações que o proposto anteriormente.

Na concepção geramos uma etapa na qual a mente transforma o espaço vazio em elemento construído, o papel em branco recebe os primeiros riscos do grafite e nesses traços chamados de esboços existe a intenção, o gesto, a ideia do que virá a ser de fato o projeto. Não há detalhes ou resoluções precisas nesse momento, pois o projeto está literalmente nascendo.

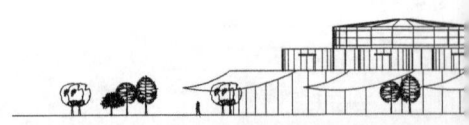

As etapas seguintes acontecem de forma evolutiva e interativa, ou seja, à medida que vamos incorporando as mais diversas informações por meio de plantas, cortes, fachadas e perspectivas, vamos nos aproximando cada vez mais do detalhe. Esse processo evolutivo do desenvolvimento de um projeto parte do princípio da organização espacial de uma edificação, sua forma e funções, e segue até a resolução de um pequeno detalhe.

Provavelmente você já deve ter ouvido falar na expressão "do macro ao micro". Entende-se por macro a capacidade de ver e entender de uma forma mais ampla e geral uma questão ou uma situação. Já uma visão micro está relacionada à habilidade de se ater aos detalhes minuciosos de um conjunto ou a uma parte dele. Em minhas aulas reforço sempre essa linha de pensamento na qual a concepção é precedida da resolução desde a forma mais ampla até o pormenor. E nesse processo, vários agentes integram e interagem entre si nesse grande emaranhado caótico que denominamos "projeto".

Atribuímos ao projeto arquitetônico a capacidade de comunicar como deverá ser erguida a edificação, e é no projeto executivo que encontramos todas essas informações. É nessa etapa que se tem a função de resolver e orientar o processo de execução. Nela, devemos considerar a arquitetura estabelecida anteriormente, sem alterações conceituais ou de partido, uma vez que esta fase já deverá ter sido amplamente explorada. Entretanto, algumas soluções técnicas exploradas nessa fase podem levar, em alguns casos, a alterações de alguma ideia formal preconcebida, cabe ao autor do projeto resolver da melhor forma.

Nessa fase também deverá ser estabelecido quais e quantos projetos complementares ou disciplinas deverão estar envolvidas no projeto, pois dependendo do tamanho e da complexidade podemos ter vários, desde o estrutural e de fundações, instalações elétricas e hidráulicas até de ar-condicionado, acústica, cenotecnia, paisagismo, interiores, alvenaria e assim por diante. Projetos mais complexos como centros culturais, shoppings, aeroportos etc., podem ter até quarenta, cinquenta ou mais disciplinas distintas. Todos esses documentos são produzidos com o objetivo de orientar e conduzir a construção de forma a minimizar ou até eliminar os erros durante a construção:

> Esses documentos são essenciais para os empreiteiros que seguirão nossas instruções, incluindo, mas não se limitando,

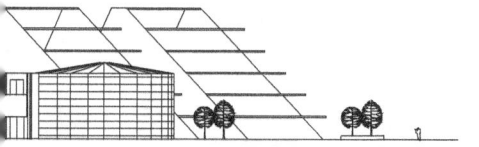

carpinteiros, encanadores, assentadores de azulejos, eletricistas etc. O conjunto de documentação de construção dá a eles tudo o que precisam para executar o projeto com o máximo de perfeição (BluEntCAD | Tradução livre *apud* blog Vobi).

O processo de organização e coordenação dessa etapa é fundamental para o melhor desempenho do projeto executivo e a compatibilização está diretamente relacionada a ele. O organograma abaixo ilustra bem o processo dos agentes envolvidos no projeto executivo.

Figura 7.1

```
  PROJETO ARQUITETÔNICO        PROJETO ESTRUTURAL
PROJETO ELÉTRICO                    PROJETO HIDRÁULICO
              ↓  ↓  ↓  ↓
         COMPATIBILIZAÇÃO
            DE PROJETOS
                 ↓
          PROJETO EXECUTIVO
```

Fonte: Elaborada pelo autor.

Na figura, observamos que diversas disciplinas envolvidas no projeto convergem para o projeto executivo, portanto há a necessidade de se organizar para que todos caibam e tenham seus espaços garantidos sem interferência de outra disciplina. Essa é a etapa que chamamos de compatibilização de projetos e somente a partir deste item é que se chega ao projeto executivo de fato.

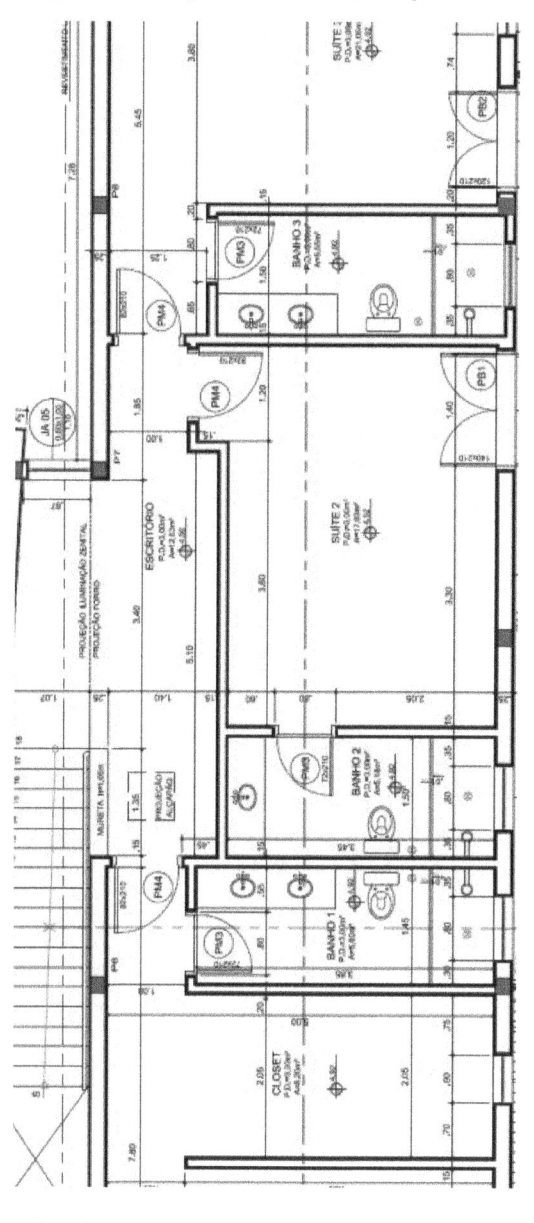

Figura 7.2 Projeto 4 Planta de arquitetura

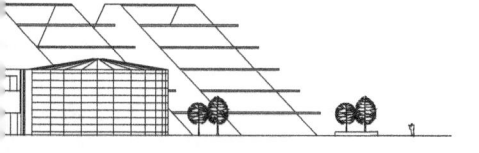

Fonte: Elaborada pelo autor.

PROJETO EXECUTIVO 41

Figura 7.3 Projeto 4

Fonte: Elaborada pelo autor.

Figura 7.4 Projeto 6

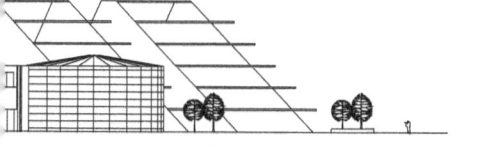

Fonte: Elaborada pelo autor.

PROJETO EXECUTIVO 43

8 COMPATIBILIZAÇÃO

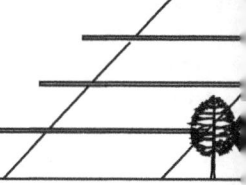

8.1 CONCEITUAÇÃO

Compatibilizar significa ser compatível, combinar, coincidir, conjuminar, conciliar, harmonizar etc. Segundo o Sebrae (1995), a compatibilização é a atividade de gerenciar e integrar projetos correlatos, visando ao perfeito ajuste entre os mesmos e conduzindo para a obtenção dos padrões de controle de qualidade total de determinada obra.

Apesar do avanço tecnológico que o ramo da construção civil vem apresentando nos últimos anos, ainda vemos em alguns escritórios o desenvolvimento de projetos sem a etapa da compatibilização dos projetos complementares. Isso resulta em inúmeros problemas, como a má qualidade da edificação, desperdício de materiais, aumento da carga horária de trabalho dos operários, prolongamento do prazo de execução da obra e, consequentemente, aumento de custos.

Como já explicado anteriormente, a compatibilização de projetos é realizada na etapa do Projeto Executivo, além do detalhamento ela é a principal tarefa integrante desta etapa. Entretanto, desde a fase do estudo preliminar é possível ter a consultoria dos projetos complementares.

Esse é um processo multidisciplinar, no qual várias disciplinas interagem com o projeto arquitetônico. Consiste em sobrepor todos os outros necessários para a execução da obra, a partir do projeto arquitetônico, os projetos de estrutura, hidráulica, elétrica, ar-condicionado, incêndio, entre outros. A principal função da compatibilização é reduzir ou até mesmo eliminar as interferências físicas, os improvisos na obra e as perdas de funcionalidade de uma edificação, o que ocasiona retrabalho no canteiro de obras.

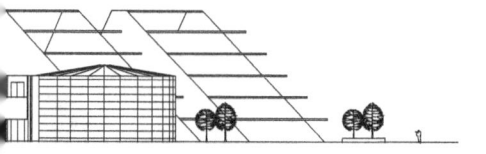

Nesse sentido, a compatibilização proporciona racionalização de materiais e reduz o tempo de obra, o que gera uma grande economia. Além disso, tem como finalidade identificar e resolver cada interferência apresentada nas interfaces entre o projeto de arquitetura e os diversos projetos complementares existentes.

Na figura a seguir podemos observar a sobreposição dos projetos de estrutura e hidráulica com a arquitetura:

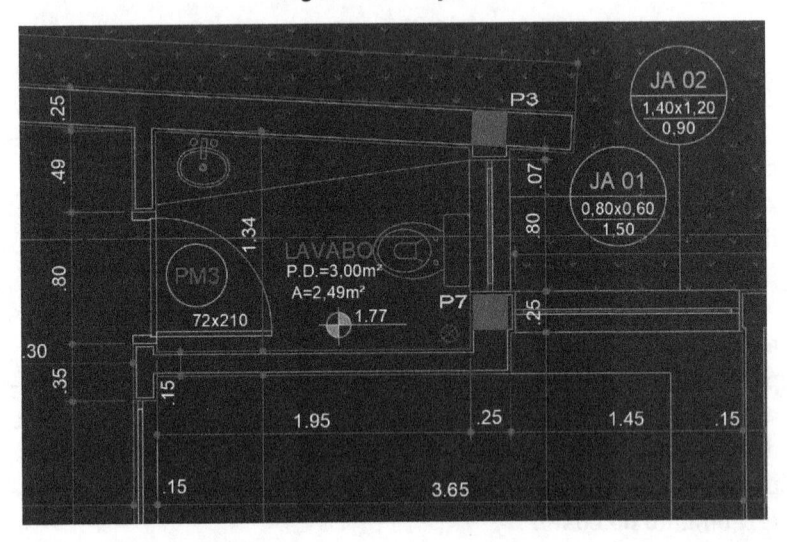

Figura 8.1 Projeto 4

Fonte: Elaborada pelo autor.

Uma vez identificada a interferência, deverá ser dada uma solução em projeto juntamente com os projetistas envolvidos no processo para que a execução seja feita sem imprevistos e de forma eficiente.

Portanto, podemos definir que a compatibilização é a ação de gerenciar e integrar todos os projetos envolvidos a fim de torná-los compatíveis, ou seja, eliminando qualquer conflito entre eles, proporcionando assim uma execução eficiente, sem custos extras e dentro dos prazos previstos. A eficiência na execução da obra está diretamente ligada à eficiência no desenvolvimento do projeto e a compatibilização garante esse resultado.

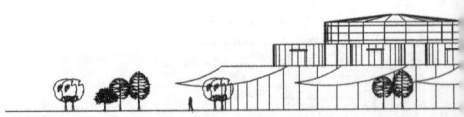

Figura 8.2 Obra casa Adalberto

Fonte: Fotografia do autor.

8.2 OBJETIVOS DO PROCESSO

Cada vez mais a construção civil busca formas de obter uma maior eficiência em todas as etapas de execução. Com tecnologias capazes de executar tarefas com maior rapidez e exatidão a custos cada vez menores.

Seguindo esse conceito, novas tecnologias vêm sendo absorvidas no desenvolvimento dos projetos e os processos exigem mais níveis de eficiência com o objetivo de acelerar as construções, tornando-as eficientes, sem desperdícios, improvisos ou surpresas. E além de novas ferramentas, como o BIM, que nos aumenta a eficiência no desenvolvimento, é na fase de compatibilização dos projetos que encontramos a previsão e resolução de todas as interfaces entre projetos, o que gera, portanto, a segurança de uma obra executada dentro do prazo e sem erros ou desperdícios.

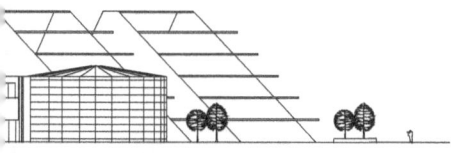

O objetivo da compatibilização é antever todas as situações conflituosas e com isso atender de forma mais eficiente ao cronograma de tempo e custo previstos inicialmente. Portanto, podemos dizer que a compatibilização atende a quatro pilares da construção:

- Prevenção de Problemas;
- Orçamento Planejado;
- Projeto Eficiente;
- Prazos Planejados.

Esses quatro pilares definem as vantagens da compatibilização do projeto.

8.3 PREVENÇÃO

A prevenção consiste em identificar todas as incompatibilidades nas interfaces nas sobreposições entre os projetos e encontrar a melhor solução para a adequação das disciplinas envolvidas no projeto, entre todos os envolvidos.

Esse procedimento garante uma obra sem imprevistos e assegura que não haja retrabalhos. Esta gera despesas com materiais e mão de obra, além do tempo a mais que é consumido gerando mais custos durante a execução.

O projeto é a ferramenta que utilizamos para pensar e representar o que será construído, logo, é nele que deverá ser analisado e resolvido todos os problemas e incompatibilidades entre as diversas áreas envolvidas.

8.4 ORÇAMENTO

Este é um item que sempre teve uma grande relevância na indústria da construção civil, desde a sua produção cada vez mais industrializada e menos artesanal, os investidores e construtores buscam formas de se obter resultados satisfatórios com a maior margem de lucro possível. Nesse sentido, os projetos devem resolver essa equação, pois é neles que encontramos as soluções de um planejamento mais enxuto, preciso e sem desperdícios.

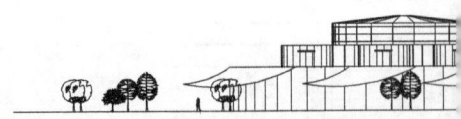

Com a compatibilização dos projetos é possível obter esse planejamento eficiente, com a elaboração de orçamentos mais precisos sem que haja uma estimativa com percentuais elevados de perda. Portanto, esse processo garante não só a qualidade de todo o projeto e, consequentemente, da construção, como também garante que a obra ocorra dentro do orçamento previsto. O alto custo na construção, seja dos materiais, execução ou mão de obra hoje em dia é o grande gargalo da construção civil e a compatibilização funciona também para minimizar os orçamentos.

8.5 PROJETO

Um quesito básico para que os projetos alcancem um alto nível de precisão e eficiência é a perfeita compatibilização entre todas as disciplinas, todos os projetos complementares devem estar perfeitamente compatibilizados com a arquitetura e entre si, sem que haja nenhum conflito nas interfaces das diversas disciplinas.

Sabemos que todos os projetos complementares devem a princípio ser feitos sem alterar a arquitetura elaborada. A compatibilização entre a arquitetura e os projetos complementares confere precisão e a resolução dos eventuais problemas nas interfaces. Este processo previne eventuais alterações na arquitetura e assegura que ela se mantenha tal qual foi pensada inicialmente.

8.6 PRAZOS

O tempo é um fator fundamental para garantir o custo calculado da obra. Com a compatibilização dos projetos, eventuais problemas e imprevistos que poderiam ocorrer durante a execução da obra e que ocasionam atrasos e, consequentemente, custos extras são evitados.

Com o tempo e o custo gastos com a compatibilização dos projetos, consegue-se obter com mais exatidão o tempo e o custo para a execução de qualquer obra, sem os desperdícios que comumente ocorrem quando não há esse planejamento proveniente da compatibilização.

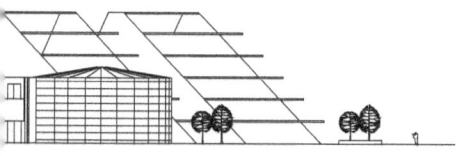

Figura 8.3 Cronograma de projetos

CRONOGRAMA FÍSICO - ITAPECERICA DA SERRA C - Data Base Julho/2022

ITEM	ESCOPO	%	MÊS (%) 1	2	3	4	5	6	7	8	9	10	11	12
1	Serviços Preliminares (escalas 1:500 ou 1:250)	13%	12,50%	16,82%	2,21%	0%	8,09%	60,38%						
2	Projetos e Serviços de Aprovação Legal (escalas 1:250 ou 1:100 e detalhes em escala apropriada)	19%						20%	20%	20%	10%	10%	10%	10%
3	Apresentação do Projeto	3%							100%					
4	Projetos Básicos (escalas 1:500 ou 1:250 e detalhes em escala apropriada)	8%						50%	25%	25%				
5	Projetos Executivos (escalas 1:500, 1:200 ou 1:250 e detalhes em escala apropriada)	53%								50%	25%	25%		
6	Coordenação / Compatibilização dos Projetos	3%		15%	15%	10%	5%	5%	5%	5%	5%	5%	5%	5%
	TOTAL %	99%	20%											

Fonte: Elaborada pelo autor.

9 O PROJETO NA FASE DO PLANEJAMENTO DA OBRA

Como vimos anteriormente, para manter orçamentos enxutos e prazos curtos a indústria da construção civil busca novas tecnologias e processos. Nesse sentido, o planejamento da obra é a etapa em que é elaborado estratégias para se obter tais resultados.

O planejamento da obra contém o estudo prévio de todas as etapas de uma obra com prazos de execução, custos de materiais e mão de obra. Por meio de um cronograma físico financeiro que determina o início e o fim de cada fase da obra e o custo de cada uma delas, portanto, o planejamento da obra tem como meta garantir a execução de todas as fases da obra de forma contínua atendendo a um cronograma composto de prazos e dentro de um custo previamente estabelecido.

Este planejamento é responsável pela elaboração e acompanhamento do cronograma físico das etapas de execução, bem como do fluxo de caixa, o que garante em partes o cumprimento dos prazos e custos estabelecidos para a execução do empreendimento. Porém, leva em consideração também fatores que podem ser responsáveis por atrasos e, consequentemente, gastos extras no orçamento.

Podemos elencar alguns destes fatores, como o clima acentuado da região para mais frio ou mais quente além do normal, a topografia, o tipo de solo, geologia, a disponibilidade de materiais, de equipamentos e aí é que temos nosso objeto de estudo, muitos problemas causados por **incompatibilidade nos projetos**. Na figura a seguir, o detalhe que mostra a interferência do pilar na janela:

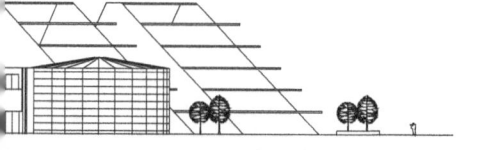

Figura 9.1

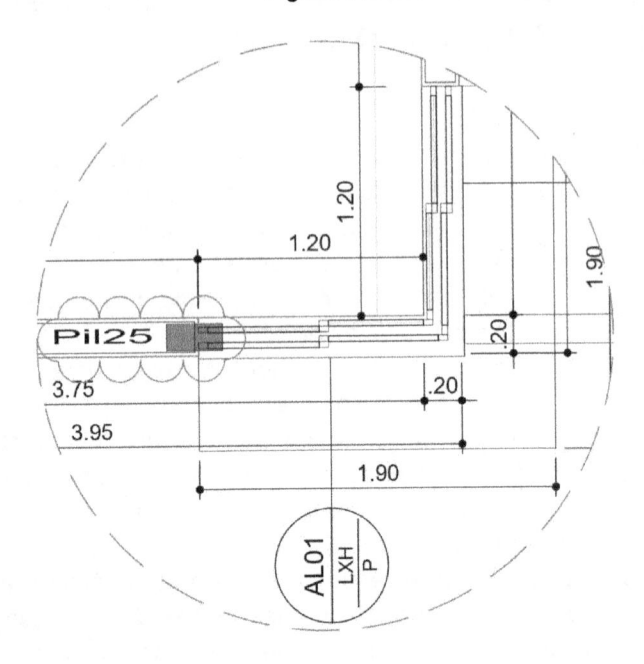

Fonte: Elaborada pelo autor.

9.1 INCOMPATIBILIDADES – PROBLEMAS

A incompatibilidade nos projetos se manifesta de diversas formas, não só na relação entre o planejamento e o projeto, como também nos problemas com fabricantes e distribuidores de materiais e a qualidade deles, erros durante a execução da obra, seja por descuido ou inabilidade do operário, defeitos em máquinas e equipamentos (fatores bem comuns), além de influências do clima e desastres naturais.

Existem uma gama de fatores que podem entrar em dissonância com o projeto, dos mais simples aos mais graves. Veremos no gráfico a seguir o percentual de causas mais comuns para as patologias nos projetos.

Figura 9.2

CAUSAS DE PATOLOGIAS

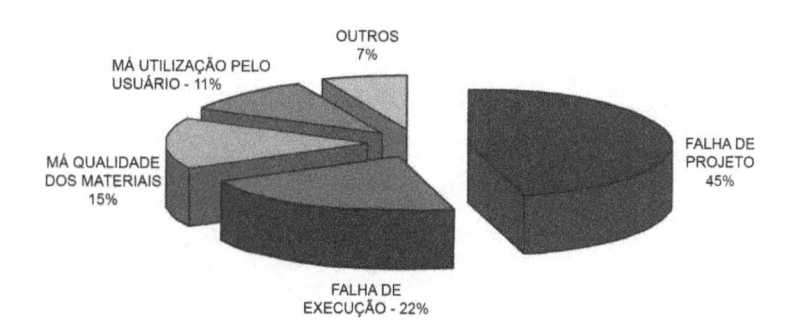

- OUTROS 7%
- MÁ UTILIZAÇÃO PELO USUÁRIO - 11%
- MÁ QUALIDADE DOS MATERIAIS 15%
- FALHA DE EXECUÇÃO - 22%
- FALHA DE PROJETO 45%

Fonte: Baseado em Couto, 2007. Gráfico elaborado pelo autor.

Analisando o gráfico percebemos que mais da metade dos problemas que ocorrem na execução da obra é ocasionado exatamente por falhas de projeto. E a maior delas muitas vezes se dá pela ausência de compatibilização entre os projetos ou até mesmo por falhas nessa etapa, por deixar passar erros nas interfaces e falhas na coordenação de projetos. Em se tratando de projetos, as principais falhas são: incompatibilidades entre diferentes projetos complementares e estes em relação ao projeto de arquitetura.

9.2 PATOLOGIAS CAUSADAS PELA FALTA DE COMPATIBILIZAÇÃO

Neste tópico veremos alguns exemplos retirados da internet que demonstram a falta de compatibilização. Na figura abaixo tentou-se passar o cano de esgoto através da viga usando a ferragem como apoio da tubulação, resultando na quebra da viga na extremidade, o que não é recomendado, pois quando planejado deve-se passar no meio da viga. Ou seja, foram cometidas várias infrações em um só ponto. A probabilidade dessa viga perder sua função estrutural é grande. Além disso, ao forçar a passagem do cano, este teve um estreitamento, o que com o tempo pode ocasionar danos, gerando vazamentos.

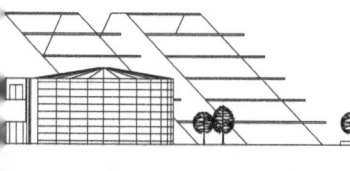

Figura 9.3

Fonte: W Lopes Engenharia.

Neste outro caso, com o rompimento mesmo que parcial na transversal do pilar ocasionará um enfraquecimento significativo, dependendo do caso, podendo até gerar um colapso na estrutura.

Figura 9.4

Fonte: W Lopes Engenharia.

A inexistência dos furos de espera, passagens, desvios ou qualquer interferência não prevista em projeto, certamente irá gerar não apenas em atrasos na obra, aumentando o custo, mas também em problemas às vezes sérios em estruturas e instalações, conforme ilustrado nas figuras abaixo:

Figura 9.5

Fonte: Cogô, 2024.

Figura 9.6

Fonte: Mancini; Pedreiro, 2023.

Geralmente todos esses problemas são ocasionados pelos itens abaixo:

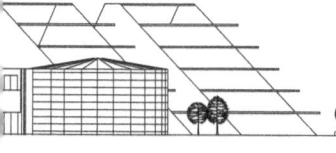

- O cliente não quis gastar com a compatibilização dos projetos;
- O arquiteto quis economizar com essa etapa;
- A construtora não seguiu o projeto;
- Em algum momento alguém achou que isso seria perda de tempo e um gasto desnecessário;
- Não foi dada a devida importância a essa etapa de tamanha relevância para o sucesso da obra.

Diante disso, fica claro que quanto maior o tempo gasto na elaboração e compatibilização de projetos menor será a incidência dessas patologias, gerando uma melhor qualidade na execução e consequente diminuição do custo final do seu empreendimento. Altair Santos (2013) ressalta a importância desse investimento:

> Compatibilizar projetos requer investimentos que podem representar de 1% a 1,5% do custo da obra, mas gera diminuição de despesas que varia de 5% a 10% desse mesmo custo. Além de reduzir o tempo gasto no canteiro de obras, os ganhos são garantidos pela redução do desperdício e eliminação do retrabalho. A previsibilidade também garante diminuição do desperdício de material e conquista de tempo durante as obras (Altair Santos, 2013, *apud* Santos *et al.*, 2022)

Portanto, para se obter uma construção mais eficiente, racionalizada e pontual, é necessário que se invista nos projetos e na coordenação. Desse modo, garantindo um grau mais elevado de precisão, otimização e compatibilização, resultando em uma obra com prazos e custos calculados e dentro do previsto.

10 COORDENAÇÃO DO PROJETO

O papel da coordenação do projeto é fundamental na etapa de compatibilização, pois é o elo entre a arquitetura e os complementares. Vale ressaltar a formação e função do gestor de projeto. O gerente de projeto é o profissional responsável por planejar, organizar e gerenciar a conclusão de um projeto. Sua principal tarefa é garantir que entregue os resultados esperados no prazo, dentro do orçamento e de acordo com o escopo.

Segundo o consultor especialista na área e professor da FIA Online Paulo de Tarso Barros, o modelo mental da gestão de projetos do século XXI apresenta visão ampliada e passa a incorporar aspectos como tecnologia, pessoas e valor. Isso porque, nos tempos atuais, a gestão de projetos está, em geral, conectada a iniciativas relacionadas à transformação digital (FIA Online, 2023).

A coordenação de projetos gerencia todo o processo de desenvolvimento com o objetivo de fomentar a interação entre os diversos agentes envolvidos, resolver todas as interfaces entre as diversas disciplinas, estudar cada detalhe em separado, fazer a conexão com o projeto de forma global, além de estar em consonância com o sistema construtivo da obra. Este processo deve ser feito juntamente com o controle dos prazos estabelecidos no cronograma do projeto, evitando custos extras com horas de trabalho dos profissionais envolvidos.

É o coordenador que trabalha com os projetistas de diferentes disciplinas para encontrar a melhor solução para cada detalhe apontado, garantindo que as técnicas desenvolvidas estejam alinhadas com as necessidades e objetivos do projeto e do cliente, bem como sejam compatíveis com os demais agentes envolvidos e com as características construtivas das construtoras responsáveis pela execução das obras.

A coordenação exerce uma atuação direta em todas as fases do projeto, a saber:

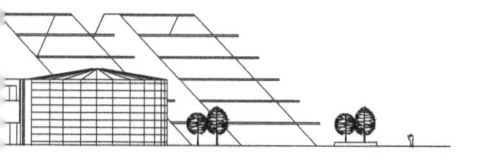

CONCEPÇÃO DO PROJETO

A coordenação, junto ao cliente ou empreendedor, deve levantar e definir o conjunto de informações e dados que levem a caracterizar e definir claramente o partido do projeto e as restrições que o regem. Além de definir quais as características a serem atendidas pelos demais projetistas envolvidos no projeto que deverão ser contratados.

ESTUDO PRELIMINAR

A coordenação sendo a responsável pela concepção e definição do partido, deve garantir a realização das atividades relacionadas à definição de partido, verificação e viabilidade técnica e econômica, além da elaboração dos projetos legais e aprovações nos órgãos públicos.

IDENTIFICAÇÃO E SOLUÇÃO DAS INTERFACES DE PROJETO

Ao coordenar todo o processo de desenvolvimento e compatibilização dos projetos básicos e executivos das disciplinas envolvidas, deve assegurar que todas as interfaces dos projetos complementares com a arquitetura e as disciplinas entre si sejam detectadas e resolvidas de forma clara, objetivando em um projeto cujas soluções resultem em estimativas de custo e prazos de execução mais precisos possíveis.

DETALHAMENTO DE PROJETOS

Coordenar o desenvolvimento do detalhamento de todos os elementos de projeto, de modo a gerar um conjunto de desenhos e documentos suficientes para a perfeita execução, orçamento e prazos programados.

O coordenador de projeto deve possuir amplo conhecimento das diversas disciplinas envolvidas em um projeto, saber gerenciar as equipes multidisciplinares, estimular o trabalho entre eles, e atuar como um elemento integralizador em todo o processo de desenvolvimento do projeto. Além disso, deve possuir conhecimentos de diversas áreas como:

- Legislação, normas técnicas, código de obras, padrões das concessionárias de instalações;
- Conhecimentos de arquitetura, técnicas de projeto e desenvolvimento, estruturas, fundações, instalações elétricas e hidráulicas, ar-condicionado, bombeiro, lógica e telefonia, paisagismo, entre outros;
- Capacidade de análise e avaliação das compatibilizações entre as disciplinas;
- Conhecimentos sobre técnicas construtivas e tecnologia da construção, informática, AutoCAD, técnicas de planejamento e controle de projetos.

Até a década de 1980 o processo de produção e desenvolvimento de projetos eram manuais, ou seja, os projetos eram desenhados à mão em pranchetas. Havia uma grande quantidade de papéis nos escritórios, as reuniões eram todas presenciais, com anotações e croquis feitos nas folhas de desenho e blocos de rascunhos, assim como os prazos eram outros, pois a produção e a logística eram diferentes. Atualmente a dinâmica de gestão de projetos está mais ágil do que há vinte ou trinta anos atrás. Há no mercado várias ferramentas (softwares) que agilizam muito o trabalho do gestor do projeto no processo de coordenação e compatibilização destes. Alguns deles são:

- Microsoft Project;
- Jira;
- Trello;
- Microsoft Planner;
- CA Clarity;
- Asana;
- Monday;
- Dynamics 365 Projects Operations.

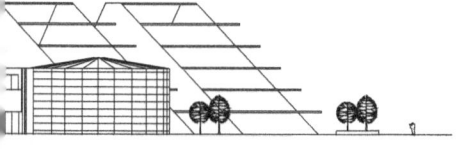

11 O PROCESSO DE COMPATIBILIZAÇÃO

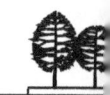

O processo de compatibilização basicamente consiste em juntar os projetos complementares, ou se pensarmos no processo antigo sobrepor as folhas, com o projeto arquitetônico, a fim de identificar toda e qualquer discordância, incompatibilidade entre eles. Antigamente marcávamos com um círculo ou uma ameba o local da interferência, hoje continuamos fazendo esse mesmo método, porém digitalmente em sistema de projetos em 2D, substituindo as folhas de desenho.

Ao detectar as interferências, deve-se marcar o local e resolver junto ao projetista da disciplina a melhor solução para conciliar os projetos. Este procedimento deve ser feito entre a arquitetura e todos os demais projetos complementares, inclusive entre os complementares. Neste processo temos a análise de interfaces entre arquitetura e estruturas, entre estruturas e instalações, entre instalações e arquitetura e assim por diante. Ou seja, deve ser feito entre todas as disciplinas envolvidas.

Em muitos casos pode haver alterações ou ajustes no projeto de arquitetura, outras vezes mudanças na estrutura ou instalações, o que deverá interferir em outras disciplinas. Por isso, sempre que há alterações no projeto executivo, deve-se proceder à análise e revisão de todos os demais projetos. Esta etapa só é concluída quando todos os projetos estiverem devidamente compatíveis e suas interfaces resolvidas.

Até meados da década de 1990, a compatibilização era feita com a sobreposição de plantas em papel manteiga ou vegetal. Dessa forma, assinalava-se o trecho em questão e em reunião presencial com o projetista da área resolvia-se a melhor solução. Após esse período e até os dias de hoje, esse procedimento é feito no programa de AutoCAD sobrepondo as plantas, assinalando o trecho e enviando para projetista. Dessa maneira, busca-se resolver as questões digitalmente, envolvendo cada disciplina necessária.

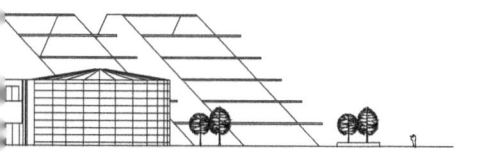

É necessário ficar atento na verificação das interfaces para não deixar passar nenhuma interferência. Quando isso acontece e o problema é detectado somente no momento da execução da obra, há prejuízos certos, como o aumento dos prazos no cronograma, desperdício de material e, consequentemente, aumento no custo da obra.

Atualmente, a plataforma BIM (Building Information Modeling) vem sendo cada vez mais utilizada para desenvolvimento e compatibilização dos projetos. Nesse sistema, todos os projetos são desenvolvidos em 3D, normalmente em Revit, e são sobrepostos em três dimensões, o que facilita a visualização e identificação das interfaces. Esse processo chamado de interoperabilidade ajuda muito no desenvolvimento dos projetos executivos principalmente. Mais adiante teremos um tópico que irá tratar detalhadamente sobre o BIM.

No processo de compatibilização, primeiramente deve ser feito o levantamento, definição e organização de todos os projetos complementares pertencentes ao projeto executivo. Uma vez que as definições e contratações estejam concluídas, inicia-se o processo a partir do envio do pré-executivo de arquitetura para todas as disciplinas envolvidas.

12 SOBREPOSIÇÃO DE PLANTAS E CORTES

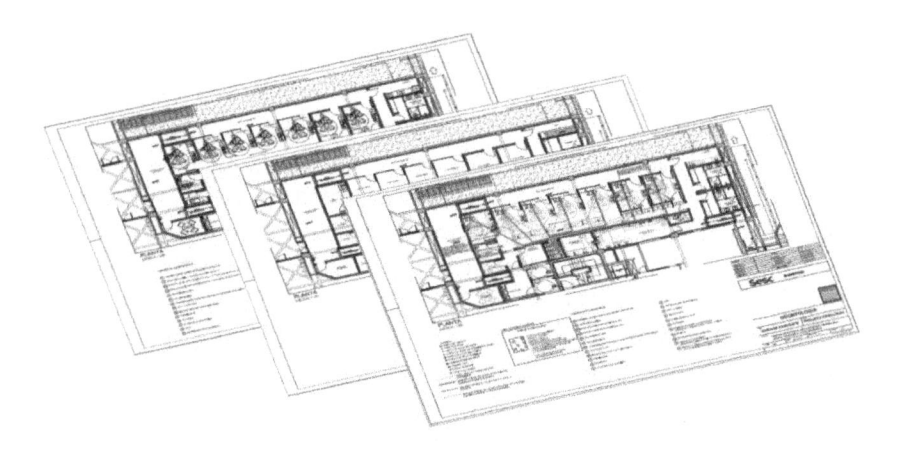

Figura 12.1

Fonte: Elaborada pelo autor.

12.1 METODOLOGIA

Como visto anteriormente a sobreposição é feita em camadas, nas quais cada disciplina é inserida na planta de arquitetura, com o comando de aproximação é verificado todo o desenho, linha por linha, e assinalado sempre que houver uma interferência, uma incompatibilidade.

Frequentemente abordamos o conceito de plantas, layers, sobreposições, mas não devemos esquecer que o projeto não é composto somente por esses elementos. Incluem-se também cortes e fachadas que junto às plantas formam os três elementos básicos obrigatórios para que se tenha uma total compreensão do projeto.

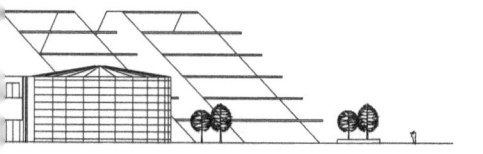

Dessa forma, ao sobrepor as plantas também é necessário que se faça a verificação dos cortes em relação a estrutura, seções de vigas, espessuras de lajes, bem como as tubulações de hidráulica e esgoto, gás, incêndio etc. Após assinalar todas as interferências, o projeto é enviado a outra disciplina e verifica-se como melhor resolver a interface. Esse processo é feito com todas as disciplinas justapostas na arquitetura e entre si, pois é possível haver incompatibilidade com mais de uma no mesmo trecho. Nesse caso, convoca-se uma reunião, normalmente orientada pelo arquiteto responsável pela coordenação do projeto executivo, que além de controlar o desenvolvimento do projeto, também estabelece a comunicação com todos os projetistas envolvidos.

Como todos os projetos complementares são desenvolvidos com a base do projeto de arquitetura, é fundamental não alterá-lo ou se for necessário, o mínimo possível, pois a sua concepção deve ser mantida. Nesse sentido, o autor do projeto deve estar ciente e autorizar caso haja alguma modificação do projeto. Na Figura 12.2 temos um exemplo de planta com a sobreposição dos ramais de esgoto com a arquitetura.

Figura 12.2 Projeto 4

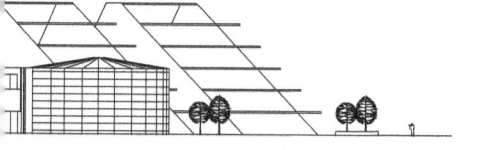

Fonte: Elaborada pelo autor.

SOBREPOSIÇÃO DE PLANTAS E CORTES

Neste outro exemplo temos a sobreposição da elétrica com a arquitetura.

Figura 12.3 Projeto 4

Fonte: Elaborada pelo autor.

Na figura 12.4 podemos observar a sobreposição da estrutura com arquitetura no corte.

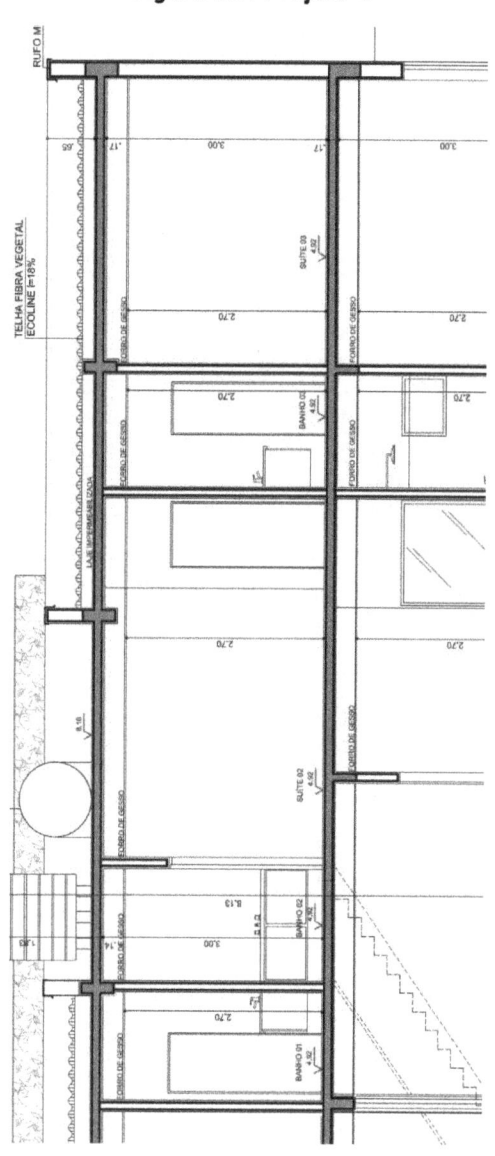

Figura 12.4 Projeto 4

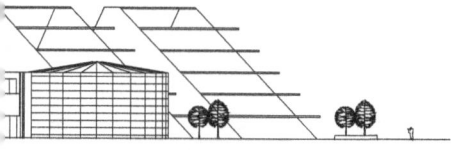

Fonte: Elaborada pelo autor.

E por fim, na Figura 12.5 podemos ver a sobreposição dos projetos de estrutura e hidráulica com a arquitetura. Nesse detalhe há várias disciplinas sobrepostas, temos na planta de arquitetura, pilares e vigas de concreto armado representadas pelo tracejado, as passagens na estrutura, prumadas e encanamentos de hidráulica.

Figura 12.5 Projeto 4

Fonte: Mikaldo Jr.; Scheer, 2008.

12.2 ORGANIZAÇÃO

É muito importante que o profissional que fará a coordenação e compatibilização tenha a organização como a base do trabalho, já que é primordial a seleção adequada dos desenhos a serem enviados para cada disciplina. Essa organização é imprescindível porque quando a base (projeto de arquitetura) passa por alguma revisão, e se já foi enviada para os demais projetistas, é necessário que se faça a atualização e substituição delas.

Um problema muito comum nesse processo é justamente a quantidade de versões do projeto. Quando se tem muitas revisões, o que pode ser comum dependendo da complexidade e tamanho do projeto, o coordenador deve ficar atento para que todos trabalhem na mesma base atualizada, isso requer atenção, disciplina e principalmente organização, para gerenciar o envio correto da última versão do projeto a todos os envolvidos no projeto executivo.

Importante também destacar que estas revisões não ocorrem somente com o projeto arquitetônico, mas também pode ser originada por uma incompatibilidade vinda de qualquer outra disciplina e por isso a acuidade e atenção devem ser grandes.

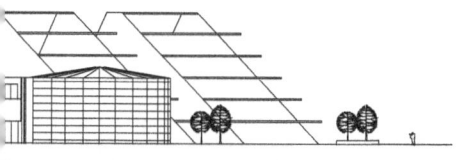

13 DETECÇÃO DE INTERFERÊNCIAS

13.1 INTERFACES ENTRE TODAS AS DISCIPLINAS

Como já vimos anteriormente, o objetivo da compatibilização é resolver todos os possíveis e eventuais problemas de interferência entre disciplinas. Para isso, o coordenador lista todas as disciplinas envolvidas no projeto e após a primeira fase do projeto executivo, também denominado pré-executivo ou projeto básico, em que temos a ampliação na escala de 1/50, busca-se resolver de forma mais detalhada com a compatibilização, fazendo a sobreposição e detecção de todas as interferências entre cada uma das disciplinas na arquitetura e todas entre si, por exemplo:

>Arquitetura x estrutura
>Arquitetura x elétrica
>Arquitetura x hidráulica e esgoto
>Arquitetura x ar-condicionado
>Estrutura x elétrica
>Estrutura x hidráulica e esgoto
>Estrutura x ar-condicionado
>Elétrica x hidráulica e esgoto
>Elétrica x ar-condicionado
>Hidráulica x ar-condicionado

Essa relação entre disciplinas deve ocorrer com todas envolvidas no projeto, especialmente nos de grande porte e complexidade, em que há uma quantidade grande de disciplinas envolvidas. É nesse processo que a compatibilidade se torna ainda mais necessária.

13.2 ESTUDO DE CASO 1 - RESIDÊNCIA UNIFAMILIAR

Para exemplificar o processo de compatibilização, vamos utilizar como estudo de caso n° 1 uma residência unifamiliar que possui além do projeto executivo de arquitetura, os de estrutura e instalações elétricas e hidráulicas.

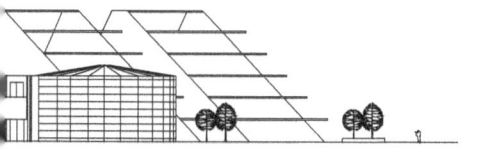

Figura 13.1 Projeto 4

Fonte: Elaborada pelo autor.

13.3 ARQUITETURA X ESTRUTURA

ARQUITETURA

Figura 13.2 Projeto 4 Planta de arquitetura

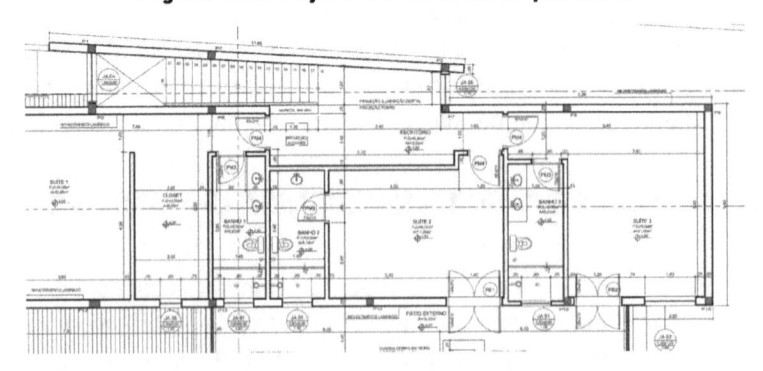

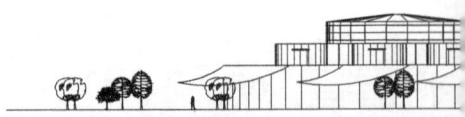

Fonte: Elaborada pelo autor.

Na etapa do projeto básico de arquitetura ocorre o primeiro lançamento do pré-executivo de estrutura, que inclui a locação de pilares e o posicionamento de vigas. Veremos adiante que a compatibilização deve ser iniciada de preferência desde o estudo preliminar, pois dessa forma minimizamos os problemas de interface nas etapas seguintes do projeto. O estudo de caso em questão é uma residência unifamiliar, em que toda a compartimentação e dimensionamento dos espaços foram pensados desde o processo de concepção, levando em conta tanto a estrutura quanto as instalações.

É normal que haja alguma alteração na arquitetura e, consequentemente, na estrutura à medida que o projeto avança da etapa do estudo preliminar para a fase do projeto básico e, em seguida, para o projeto executivo. Isso pode ocorrer devido a vários fatores, como o aumento da escala e o nível de detalhamento que cada etapa requer.

Durante o projeto básico fazemos os ajustes mais adequados com o pré-executivo de estrutura e dessa forma conseguimos resolver de forma mais eficiente questões como as espessuras de paredes, altura de pé-direito, forros, os posicionamentos de portas e janelas, para evitar interferências pela locação de pilares e vigas. A compatibilização nesta etapa é importante, pois ainda é possível fazer pequenas alterações sem comprometer a arquitetura.

ESTRUTURA

Figura 13.3 Projeto 4 Planta de estrutura (Fôrmas das vigas)

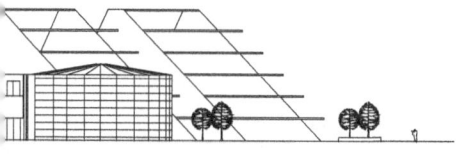

Fonte: Elaborada pelo autor.

Nessa etapa do projeto básico, que tem como base o projeto arquitetônico, o calculista determinará as seções de vigas e pilares conforme as demandas do projeto, respeitando sempre que possível as espessuras das alvenarias e com o necessário desconto dos revestimentos. As seções das estruturas, também chamadas de "cotas no osso", não incluem revestimento.

Caso as seções ultrapassem a espessura das alvenarias, será necessária uma avaliação do arquiteto a fim de se obter a melhor solução, evitando saliências visíveis nas paredes ou para que estas fiquem escondidas. Nesse caso são adotadas soluções, como alvenarias mais largas ou mesmo enchimentos nas paredes no caso de pilares ou no caso das vigas, forros que podem ser instalados abaixo delas para escondê-las totalmente, são algumas das soluções simples para que a estrutura não fique a mostra, caso seja este o conceito do projeto.

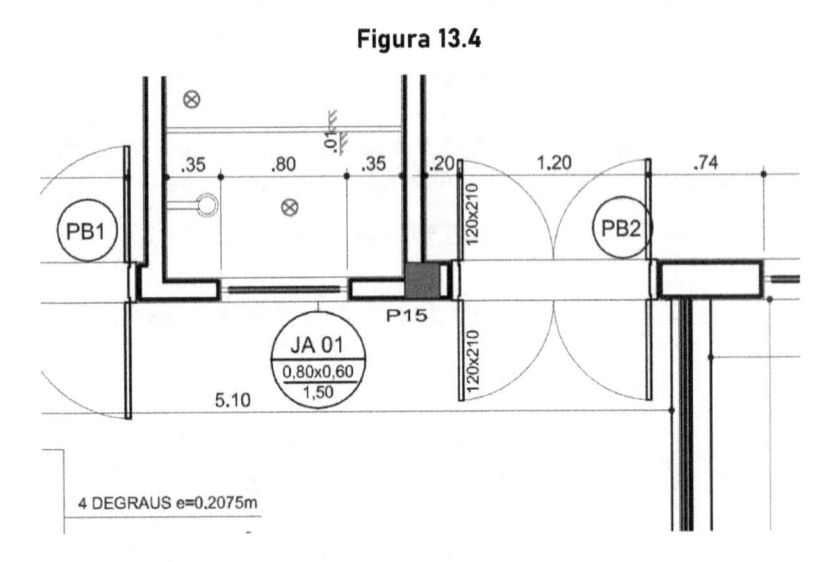

Figura 13.4

Fonte: Elaborada pelo autor.

Outro ponto importante na elaboração do projeto estrutural é o tipo e espessura das lajes, pois caso haja alguma divergência ou incompatibilidade com a arquitetura, pode gerar problemas em relação às escadas e alturas de pés-direitos, por exemplo. Por essa razão é imprescindível que o projeto seja analisado e resolvido não somente pelas plantas e sim em conjunto com os cortes, como no exemplo abaixo.

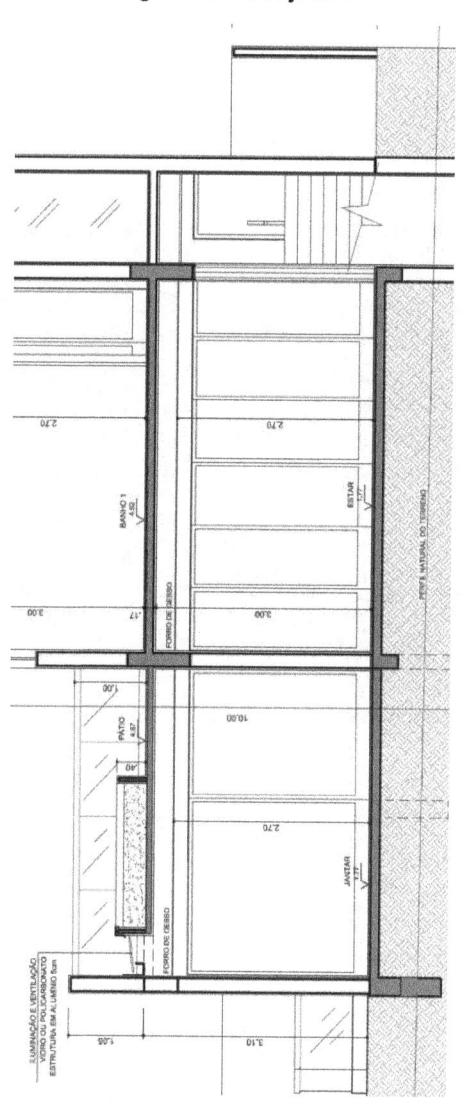

Figura 13.5 Projeto 4

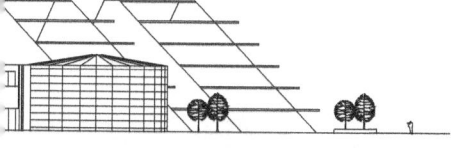

Fonte: Elaborada pelo autor.

Na figura acima, observamos alguns determinantes para a estrutura, como a definição da altura das esquadrias em função da altura das vigas, ou em contraste podemos ter um jardim que nesse caso gera uma carga concentrada, relevante para o devido dimensionamento da estrutura.

Em alguns casos, o projeto possui em seu partido a estrutura aparente, seja em concreto, metálica ou madeira. Nessas situações a compatibilização é feita de forma a garantir a aparência da estrutura, como na imagem da casa abaixo:

Figura 13.6

Fonte: Fotografia do autor.

Quase como em um processo inverso, as alvenarias devem apresentar as mesmas espessuras ou aproximadas das seções de pilares e vigas, o que também requer uma compatibilização para garantir essa opção. E nesse caso da estrutura aparente, é crucial a comunicação entre o arquiteto e calculista desde a concepção do projeto, pois há vários tipos de vedações e espessuras para se obter um melhor resultado e em consonância com a seções de pilares e vigas.

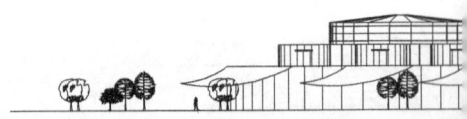

Além disso, nas estruturas aparentes a atenção que se deve ter também é nas ligações destas com os demais elementos que a cercam, como esquadrias, revestimentos, iluminação etc., pois é nessas junções que observamos a qualidade da compatibilização e a execução. Caso contrário, é comum observarmos falhas nesses detalhes.

Figura 13.7

Fonte: Fotografia do autor.

COMPATIBILIZAÇÃO

Figura 13.8 Projeto 4

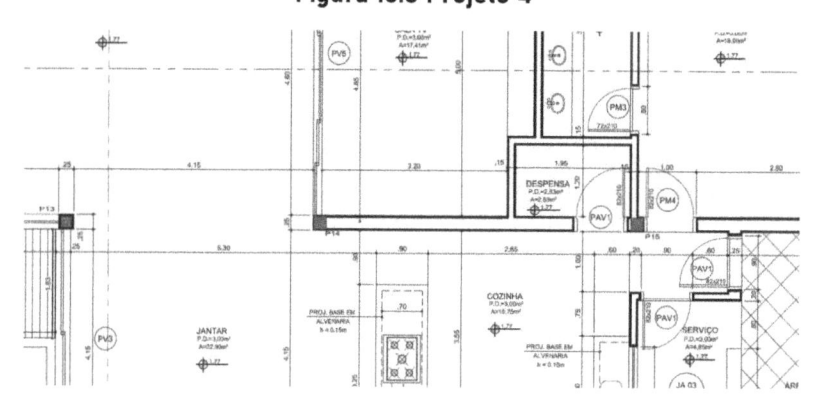

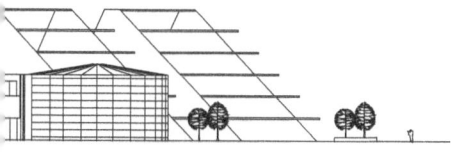

Fonte: Elaborada pelo autor.

Um exemplo de compatibilização é a parede cujo pilar P14 possui uma seção quadrada de 20 cm x 20 cm, o qual o calculista informou que não poderia diminuir sua seção devido à carga demandada. A parede, sendo interna, deveria ter a espessura acabada de 15 cm, entretanto, para que não ficasse aparecendo a saliência, adotou-se a espessura de 25 cm. Dessa forma, manteve-se a seção do pilar e a parede ficou sem saliência. A figura 13.9 mostra a interferência do pilar na janela:

Figura 13.9

Fonte: Elaborada pelo autor.

Na figura acima temos um típico cenário de interferência entre a estrutura e arquitetura na locação dos pilares, pois ao posicionar o pilar P29 verificou-se a incompatibilidade com a janela J9. Nesse caso, o calculista teria duas opções: diminuir o comprimento do pilar, o que seria difícil, pois não seria possível alargar no sentido oposto para se manter a área, ou a janela teria que ser deslocada. Esta última foi a opção adotada, pois seria mais fácil e uma alteração sem relevância para a arquitetura. Esse é um exemplo de como deve ser encaminhado o processo de tomada de decisões no gerenciamento da compatibilização dos projetos.

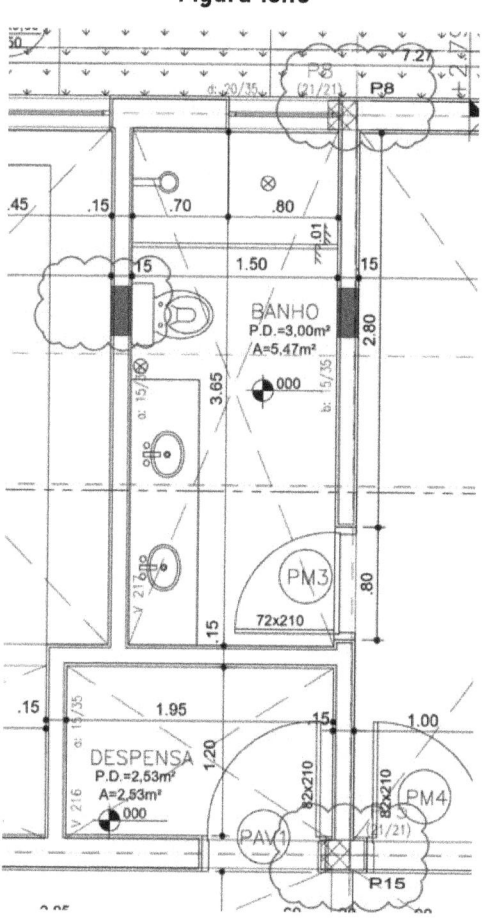

Figura 13.10

Fonte: Elaborada pelo autor.

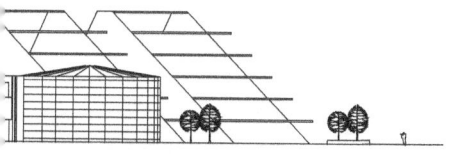

Já na Figura 13.10 temos um processo em andamento, onde foram identificadas a interferência do pilar P15 no vão da porta e P8 no da janela, além do pilar atrás do vaso sanitário. Destacadas as interferências, enviamos para o projetista, no caso o calculista, para verificar a possibilidade de deslocamento desses pilares. Se por questões técnicas não for possível ou não seja viável a intervenção na estrutura, fazemos essa alteração na arquitetura.

CORTES

Na compatibilização da estrutura e de outras disciplinas devemos pensar de forma tridimensional, ou seja, o projeto não é composto somente por plantas, mas também pelos cortes. No que diz respeito às estruturas, as vigas conectadas aos pilares possuem a mesma espessura. Portanto, ao resolvermos a questão do pilar que excedia a largura da parede, é necessário que a viga conectada a esta também se estenda além da parede. Dessa forma, devemos resolver problemas tanto horizontalmente quanto verticalmente.

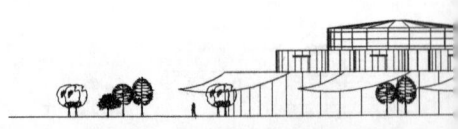

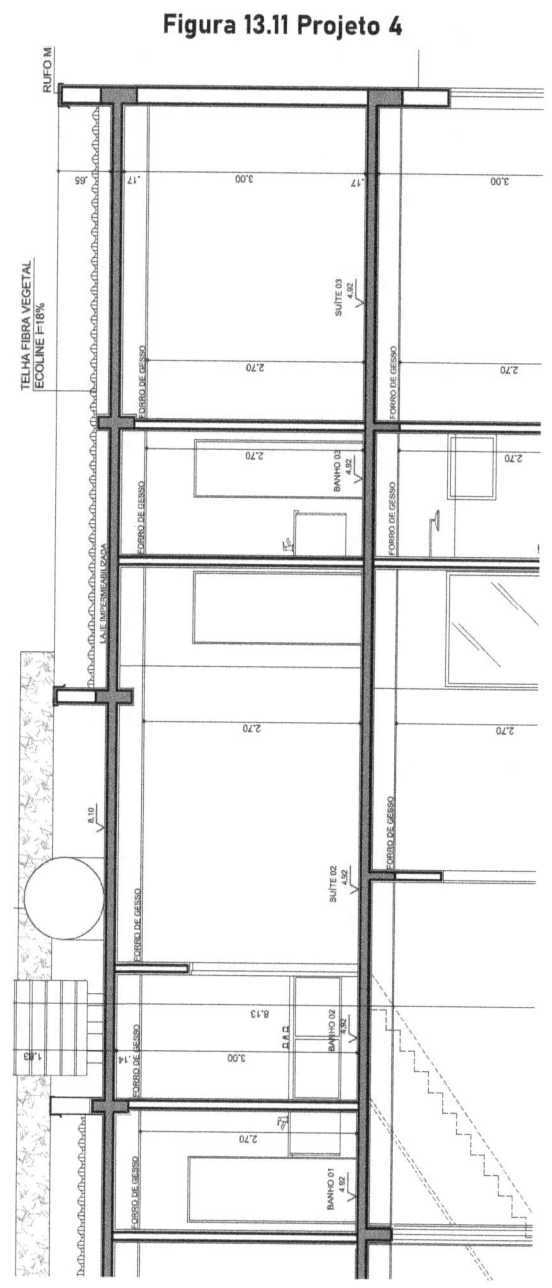

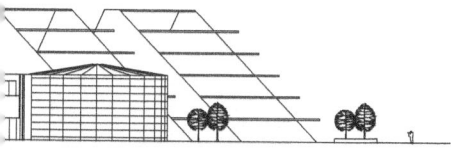

Figura 13.11 Projeto 4

Fonte: Elaborada pelo autor.

Na figura acima, uma viga que visivelmente possui uma seção mais larga que a parede que a apoia. Uma das formas de resolver essa questão é posicionar o forro abaixo dessa viga, escondendo-a. Para isso, é necessário que tenhamos um pé-direito com altura suficiente para não rebaixar excessivamente a altura resultante.

A existência do forro sempre favorece e resolve várias questões, como iluminação embutida e melhor distribuição, dutos de ar-condicionado, tubulações de hidráulica, acústica, e a existência de vigas que dessa forma ficam escondidas sobre esse forro.

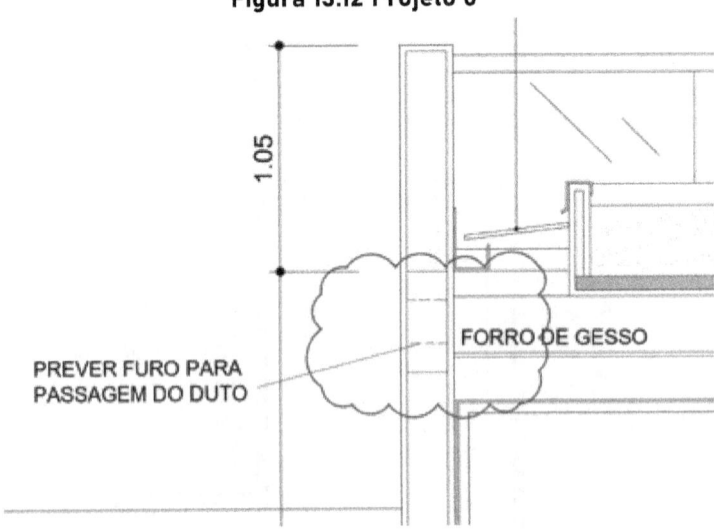

Figura 13.12 Projeto 6

Fonte: Elaborada pelo autor.

No exemplo acima, a compatibilização já foi efetuada, a viga destacada anteriormente, recebeu o furo de espera para a passagem do duto de exaustão do banheiro. O calculista, após informado da interferência, deixou o vazio do diâmetro necessário e reforçou as ferragens da viga para suprir esse espaço.

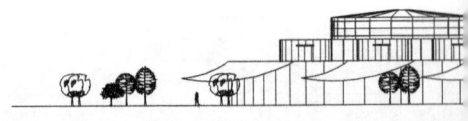

Figura 13.13 Projeto 6

Fonte: Elaborada pelo autor.

No caso acima, um corte mostrando as interferências de tubulações nas estruturas e alvenarias.

13.4 ARQUITETURA X ELÉTRICA

ELÉTRICA

Considerando todos os requisitos necessários para elaboração do projeto de instalações elétricas, tais como a entrada de energia, quantificação das cargas e funcionalidade de todo o sistema de distribuição, a relação com a interface de arquitetura se dá com a menor interferência com aberturas, elementos estruturais e melhor posicionamento do quadro de distribuição. Na figura abaixo uma planta de elétrica sobreposta na arquitetura.

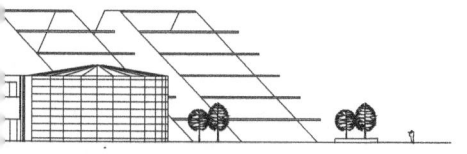

Figura 13.14 Projeto 4

Fonte: Elaborada pelo autor.

13.5 ARQUITETURA X HIDRÁULICA X ESGOTO

HIDRÁULICA E ESGOTO

A principal atenção que se deve ter na interface da arquitetura com a hidráulica e esgoto é o encaminhamento dos ramais e sub--ramais em aberturas e elementos estruturais.

Um aspecto importante a ser considerado na elaboração do projeto arquitetônico é a construção de "shafts", também chamados de dutos, em locais estratégicos como banheiros, por exemplo. Esses elementos facilitam muito a manutenção com a passagem das prumadas da água no mesmo local, além de evitar quebrar paredes para a passagem do encanamento durante a obra.

Observamos no recorte da figura a seguir as intervenções das tubulações através das vigas. Essas informações demarcadas nas plantas são encaminhadas ao calculista, que então realiza os cálculos necessários para reforçar as vigas, garantindo os furos de espera na execução destas.

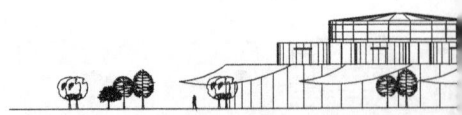

Figura 13.15 Projeto 4

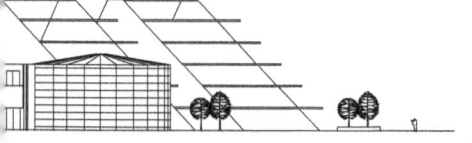

Fonte: Elaborada pelo autor.

13.6 ARQUITETURA X AR-CONDICIONADO

Com relação ao sistema de refrigeração e ar-condicionado, as preocupações são similares às da elétrica e hidráulica, pois deve haver o ponto de elétrica na potência adequada e no local apropriado para a instalação do equipamento, além da passagem de drenos deve ser feita com o intuito de interferir minimamente nas estruturas e aberturas na alvenaria e ligar diretamente no ramal de esgoto.

Além disso, é importante analisar outras questões, como o local apropriado para os condensadores, no caso de sistemas "split", ou também a existência de estruturas e locais específicos para equipamentos maiores tipo "fan coil". A escolha do local para esses equipamentos pode haver uma interferência significativa na arquitetura, por isso requer um cuidado na compatibilização.

Na Figura 13.16 podemos observar uma planta com locação dos aparelhos split de ar-condicionado.

Figura 13.16 Projeto 11

PLANTA LAYOUT - PAV. SUPERIOR
ESCALA - 1:50

Fonte: Elaborada pelo autor.

13.7 ESTRUTURAS X INSTALAÇÕES

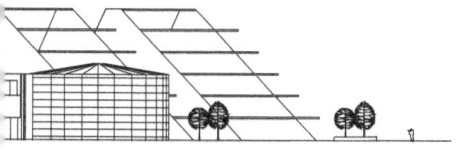

A maior incidência de interferências em um projeto é das instalações nas estruturas, pois é comum a passagem de encanamentos, dutos e conduítes através de vigas, e nem sempre é possível desviar delas. Nesses casos é importante detectar todas as interferências nas estruturas e passá-las ao calculista, para que este faça os cálculos necessários de reforço do elemento estrutural para a passagem do encanamento. Nesse processo sempre é levado em conta a seção da viga e o diâmetro da tubulação a ser transpassada, pois dependendo dessas medidas pode não ser possível a passagem, tendo que ser estudada alternativas para a solução do problema.

Os dutos de ar-condicionado, por exemplo, possuem um diâmetro grande e muitas vezes não passam através das vigas, sendo necessário passar abaixo delas. Esta situação frequentemente exige a instalação de um forro para escondê-las, o que, por sua vez, pode ocasionar uma diminuição do pé-direito. Dessa forma, essas alturas devem ser estudadas pela arquitetura antes mesmo do projeto executivo para evitar grandes alterações no projeto.

Já no caso das instalações hidráulicas, outra questão a ser resolvida é referente ao reservatório de água elevado, pois trata-se de uma carga concentrada, muitas vezes grande e que reflete diretamente na estrutura. Assim, este item é relevante e deve ser considerado no projeto estrutural. Na Figura 13.17 dutos de exaustão, de churrasqueiras que atravessam vigas ou paredes. Nesse caso, há necessidade de se recalcular os elementos estruturais para se prever as devidas passagens.

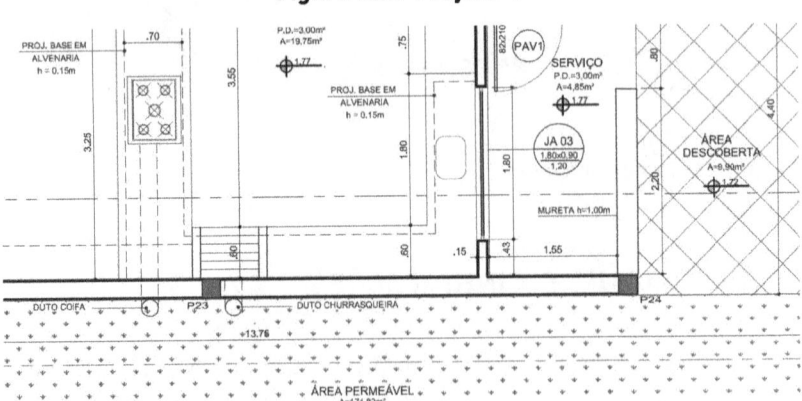

Figura 13.17 Projeto 4

Fonte: Elaborada pelo autor.

13.8 INSTALAÇÕES X INSTALAÇÕES

As interferências também ocorrem entre instalações, pois dependendo do projeto há uma quantidade grande de tubulações, conduítes, eletrocalhas e dutos, portanto é necessário uma boa organização no posicionamento desses elementos para não haver problemas a serem resolvidos durante a obra.

Uma estratégia para resolver a compatibilização na horizontal nesse caso consiste na formação de camadas em níveis de altura diferentes, em que cada camada é uma disciplina. Nas figuras a seguir, ilustração em Bim de instalações elétricas e áreas técnicas.

Figura 13.18

Fonte: Projetual Engenharia, 2020.

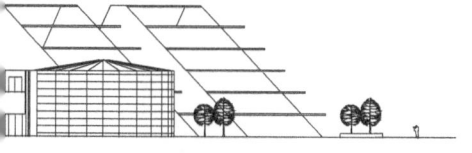

Figura 13.19

Fonte: Blog Revitalizei, 2013.

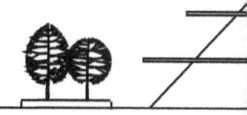

14 O ESTUDO PRELIMINAR E A COMPATIBILIZAÇÃO

A RELAÇÃO DA CONCEPÇÃO ARQUITETÔNICA COM OS PROJETOS COMPLEMENTARES

Um projeto bem elaborado é aquele que, independentemente de aspectos formais ou funcionais, em sua concepção foi pensado juntamente com as demais disciplinas considerando os principais aspectos técnicos dos projetos complementares, tais como soluções estruturais, instalações elétricas, hidráulicas, de ar-condicionado etc.

Uma estratégia para minimizar os conflitos nas etapas seguintes do projeto, como na compatibilização, é além de conceber pensando em todas as disciplinas, iniciar esse processo já na etapa do estudo preliminar. Este procedimento garante a integridade arquitetônica, evitando que se faça alterações posteriormente ou, mesmo que ocorra, será em menor escala, pois o projeto já foi previamente resolvido. Isso também resulta em prazos bem mais enxutos no desenvolvimento de cada projeto complementar e, consequentemente, do projeto executivo como um todo.

E quanto mais técnico for o projeto, maior a necessidade da concepção conjunta com as demais disciplinas. Lembrando que esse procedimento vale para qualquer modalidade de projeto que envolva mais de uma disciplina, seja construção ou reforma em qualquer área. Em particular, quando a arquitetura é muito diferenciada, ou seja, foge da geometria convencional, essa prática se torna ainda mais necessária. Dessa forma, evita retrabalhos e potenciais alterações de projeto quando já estiver na etapa do projeto executivo, conforme mencionado anteriormente.

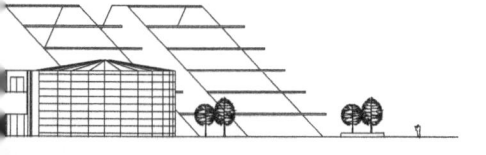

Figura 14.1 Perspectiva da casa

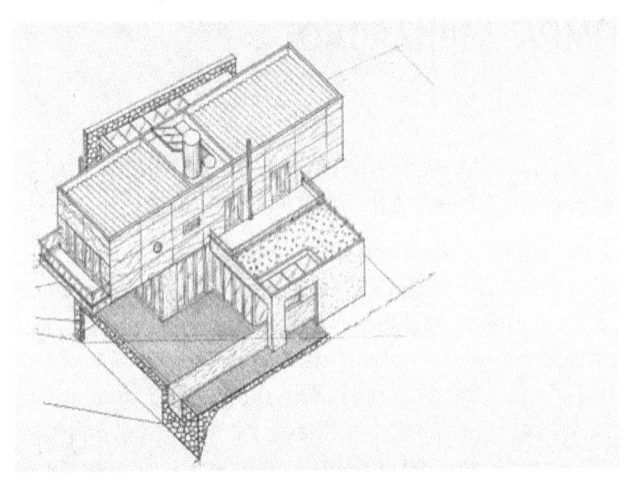

Fonte: Elaborada pelo autor.

Vamos retornar ao nosso estudo de caso 1 – Residência unifamiliar, agora analisando o estudo preliminar de uma residência, porém poderia ser qualquer tipo de projeto, pois o princípio de pensar todas as disciplinas juntas é exatamente o mesmo.

Figura 14.2 Projeto 4

Fonte: Elaborada pelo autor.

14.1 ESTUDO PRELIMINAR DE ARQUITETURA

Aprendemos na faculdade que uma das formas de se elaborar o estudo preliminar é por meio de diagramas e malhas de eixo. Esse procedimento proporciona benefícios significativos como uma modulação e organização espacial e estrutural. No presente estudo, observamos nas figuras 14.3 e 14.4 os eixos que orientam as vigas e pilares da estrutura:

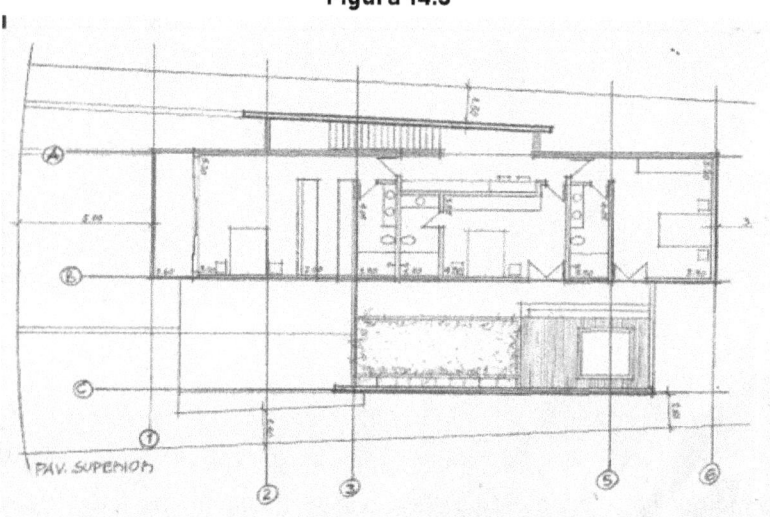

Figura 14.3

Fonte: Elaborada pelo autor.

Figura 14.4 Projeto 4

Fonte: Elaborada pelo autor.

14.2 ESTRUTURA

As malhas de eixo sempre são uma boa referência tanto para o melhor posicionamento das vigas e perfis quanto para a locação dos pilares. Esses aspectos podem ser alterados posteriormente na etapa do projeto executivo com o trabalho efetivo do calculista.

Nesse sentido, pensar a arquitetura associada com a estrutura viabiliza o aspecto plástico e torna o projeto exequível. Esse é o processo de compatibilização. O renomado arquiteto Oscar Niemeyer destacava que a arquitetura deve nascer junto à estrutura. Ao examinarmos suas obras, percebemos que, de fato, a arquitetura e a estrutura é uma coisa só, como uma escultura o definiria.

No próximo exemplo veremos no corte a representação da estrutura.

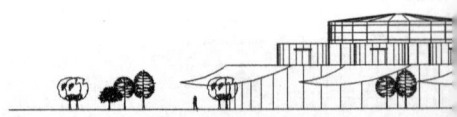

Figura 14.5 Projeto 4

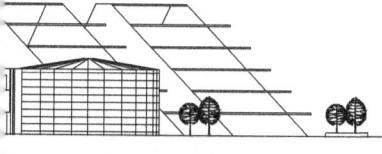

Fonte: Elaborada pelo autor.

Já na figura a seguir mostra o detalhe da viga e laje. O calculista foi consultado já na fase do estudo preliminar.

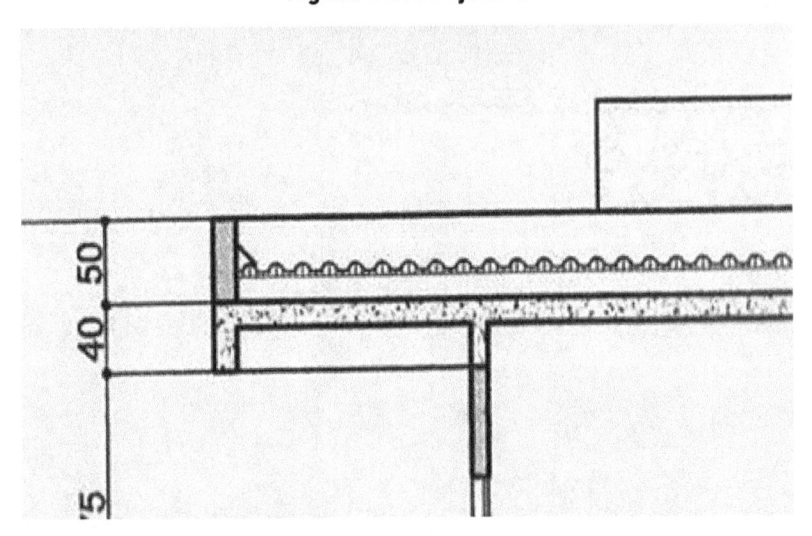

Figura 14.6 Projeto 4

Fonte: Elaborada pelo autor.

14.3 INSTALAÇÕES

Ao considerarmos as instalações na fase do estudo preliminar, devemos pensar nos seguintes aspectos: agrupamento das áreas molhadas, pois a proximidade destas no mesmo andar e direção quando há mais de um pavimento, resulta em uma economia e um melhor funcionamento do sistema de hidráulica e esgoto. Nesse sentido, o reservatório de água deve estar logo acima dessas áreas para que funcione com maior eficiência. Outro detalhe a ser observado já na concepção do projeto é a localização de shafts em locais estratégicos, prevendo que possam ser utilizados. Na figura 14.7 Isométrico de um banheiro.

Figura 14.7

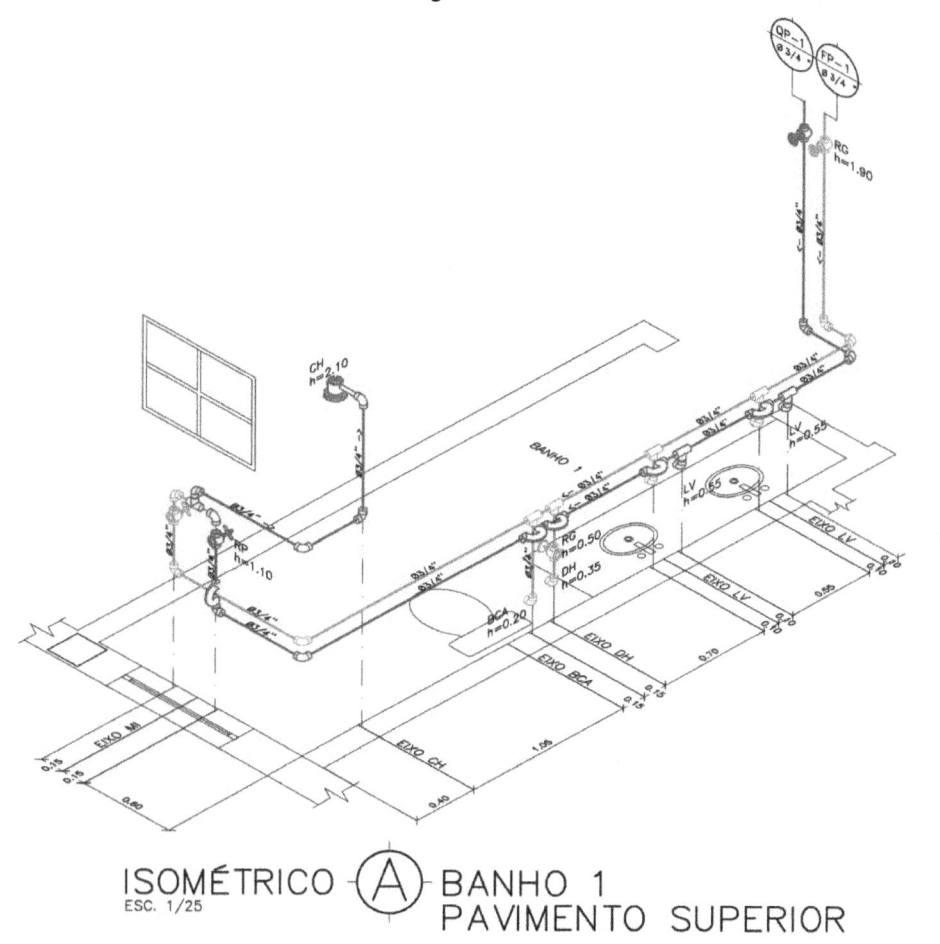

ISOMÉTRICO Ⓐ BANHO 1
ESC. 1/25   PAVIMENTO SUPERIOR

Fonte: Elaborada pelo autor.

Figura 14.8 Projeto 4 Planta de elétrica sobreposta na arquitetura

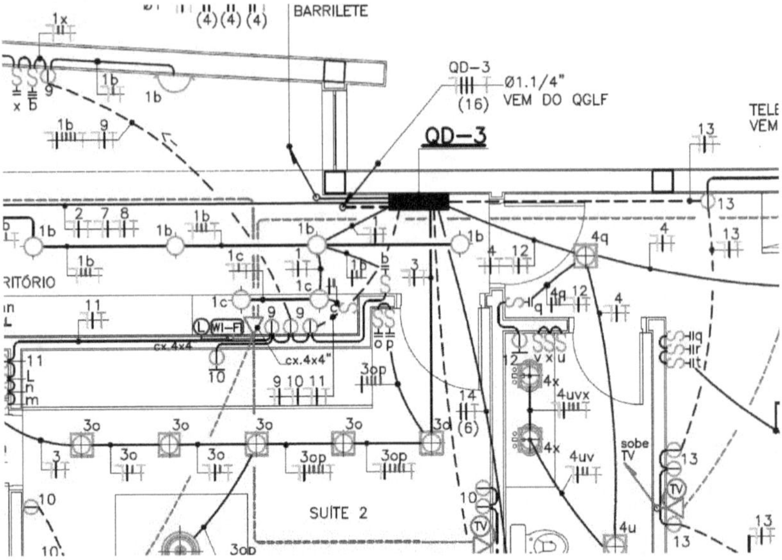

Fonte: Elaborada pelo autor.

É preciso pensar no local adequado para o quadro de força, interruptores, tomadas, pontos de força específicos, se 110 v ou 220 v, tudo de acordo com o que se destina, seja uma loja, um restaurante etc.

15 PROJETOS TÉCNICOS

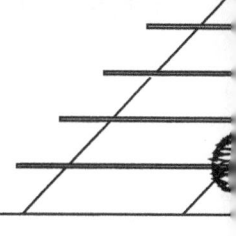

COZINHAS, RESTAURANTES, CLÍNICAS, LOJAS ETC.

15.1 COZINHAS

Em um projeto de uma cozinha industrial, por exemplo, temos muitos equipamentos que demandam pontos de água, esgoto e tomadas em locais específicos de acordo com o posicionamento dos equipamentos. As intervenções necessárias nas instalações elétricas e hidráulicas implicam em significativas modificações na arquitetura e estrutura. Assim, é fundamental a compatibilização de todas as disciplinas, sempre elaboradas seguindo as normas da ABNT e órgãos específicos.

Figura 15.1 Projeto 7 – Layout da comedoria 1 do Sesc Carmo.

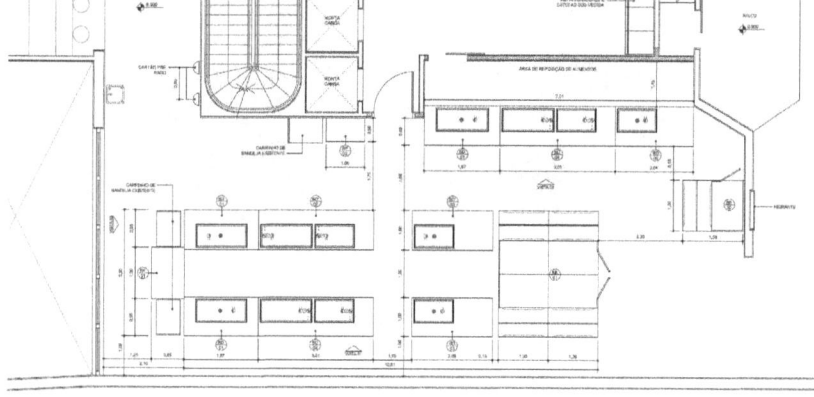

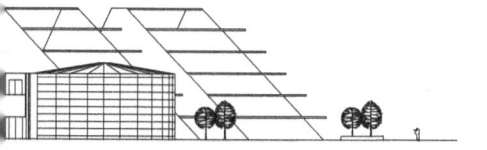

Fonte: Elaborada pelo autor.

Figura 15.2

Fonte: Fotografia do autor.

Figura 15.3

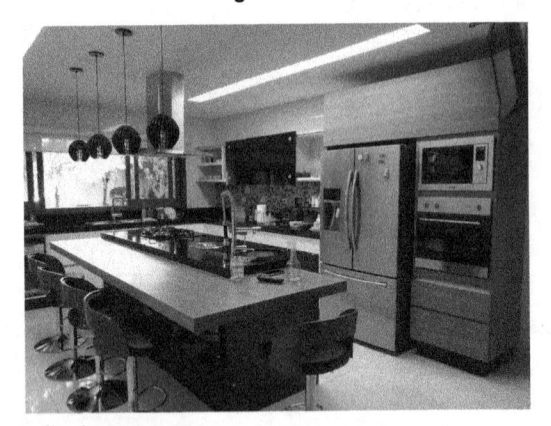

Fonte: Fotografia do autor.

15.2 CLÍNICAS ODONTOLÓGICAS

Na etapa inicial de elaboração do layout básico de projetos como hospitais, clínicas e consultórios, é essencial prever os pontos de hidráulica, esgoto, ar comprimido, elétrica, iluminação, ar-condicionado etc. O processo de compatibilização já se inicia nessa fase. Para todos esses projetos técnicos há inúmeras empresas especializadas em cada área específica que fornecem catálogos e assessoria para auxiliar tanto na concepção como no desenvolvimento.

Essas empresas ajudam a determinar, por exemplo, todos os pontos de água e esgoto, pontos de energia, voltagem específica e localização de cada equipamento, interruptores etc., fornecendo várias informações necessárias para a elaboração e desenvolvimento. Na figura abaixo segue a maquete eletrônica da clínica odontológica:

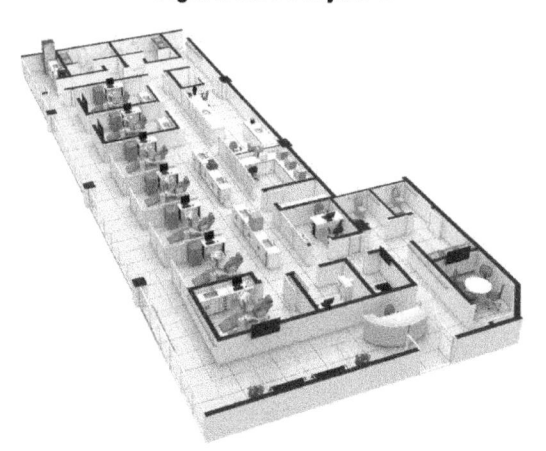

Figura 15.4 Projeto 8

Fonte: Elaborada pelo autor.

CLÍNICA ODONTOLÓGICA

Estudo de caso 2 – Clínica Odontológica do Sesc Santos

No segundo estudo de caso, o projeto refere-se a um retrofit do edifício do Sesc Santos. A clínica odontológica, que fazia parte do programa atual, foi criada em uma das áreas determinadas para esse uso. O projeto tinha como objetivo adaptar de maneira funcional todas as instalações da clínica com a grande estrutura de concreto armado na maior parte aparente e as instalações existentes.

O desafio foi adequar o complexo programa da clínica ao espaço disponível, desviar de grandes vigas, passar cabos em postos específicos, utilizar piso elevado para passagem de cabos, sistemas de ar-condicionado, incêndio, ar comprimido, compressores, pontos de água e esgoto, além de considerar o posicionamento dos acessos, fluxograma dos pacientes e funcionários, atendimentos e escoamento de lixo hospitalar. A sincronização de toda essa rede de atividades e funcionamentos só poderia coexistir de maneira adequada com um trabalho minucioso de compatibilização.

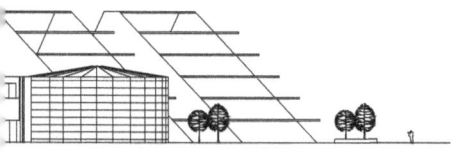

Figura 15.5 Layout Projeto 8

Fonte: Elaborada pelo autor.

A figura a seguir mostra toda a rede de cabeamentos de ar comprimido.

Figura 15.6 Projeto 8

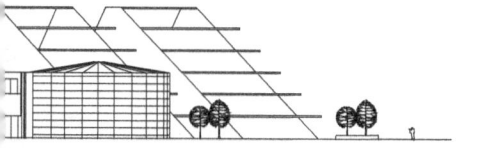

Fonte: Elaborada pelo autor.

As Figuras 15.7 e 15.8 apresentam respectivamente uma planta com a definição dos ambientes e tipos de vedação e um corte mostrando as interferências estruturais na clínica odontológica.

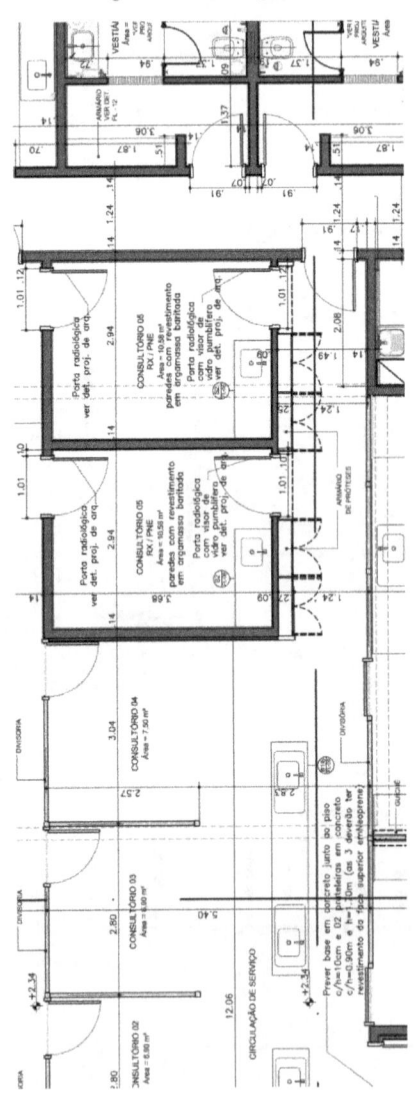

Figura 15.7 Projeto 8

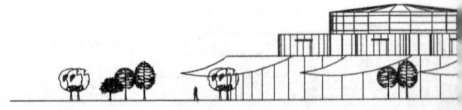

Fonte: Elaborada pelo autor.

Figura 15.8 Corte – Clínica odontológica Sesc Santos Projeto 8

Fonte: Elaborada pelo autor.

Podemos notar no caso acima que nos projetos técnicos a análise dos cortes é importante para se determinar alturas e passagens de dutos e cabeamentos sobre o forro ou sob pisos elevados, enchimentos, iluminação etc.

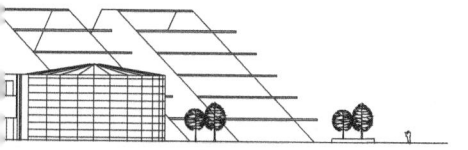

MOBILIÁRIO

Figura 15.9 Projeto 8

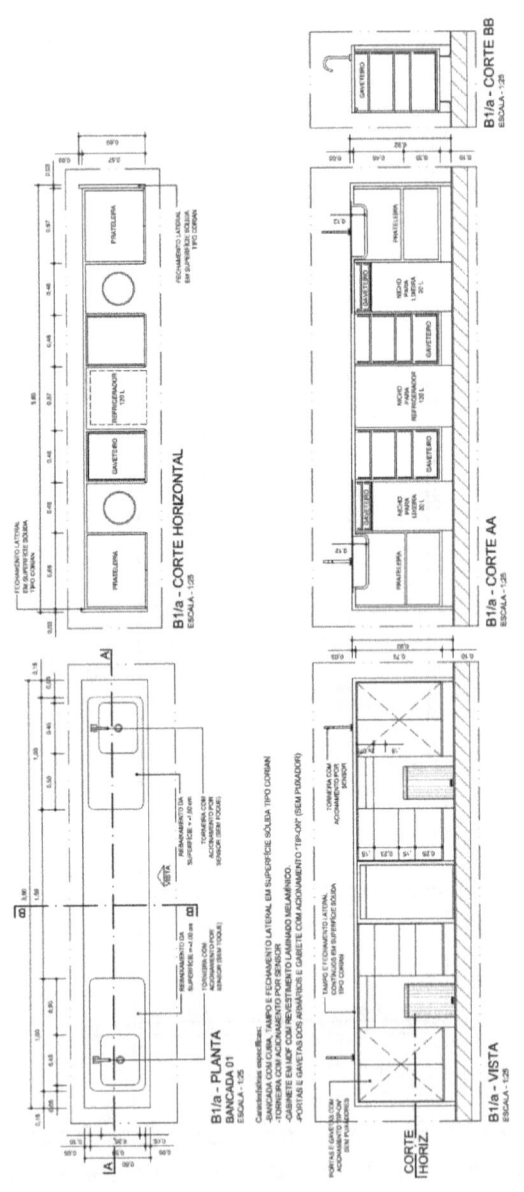

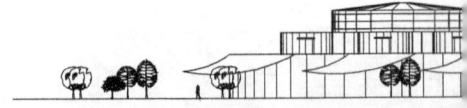

Fonte: Elaborada pelo autor.

O mobiliário técnico possui uma função importante, pois deve atender a um programa de necessidades específico. No exemplo acima, o espaço contém áreas de lavagem, guarda de utensílios, refrigeradores, lixo, e é essencial estarem posicionados de forma planejada garantindo o suporte aos dentistas e auxiliares. Já na figura a seguir podemos observar o corte e a planta das salas de máquinas.

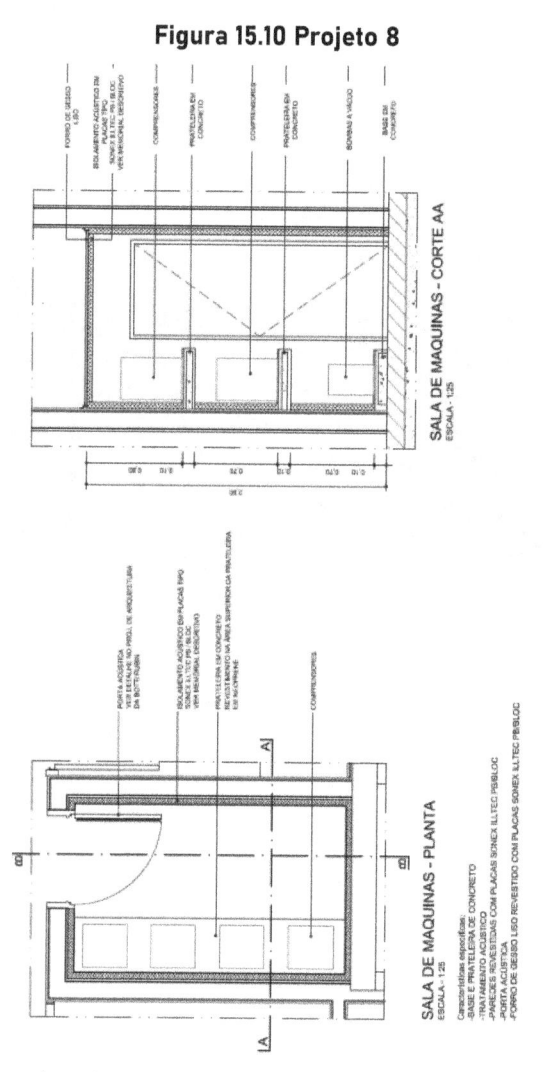

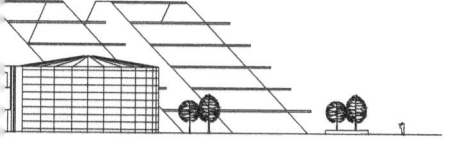

Figura 15.10 Projeto 8

Fonte: Elaborada pelo autor.

15.3 ESTABELECIMENTOS COMERCIAIS

Já ressaltamos a necessidade de adequação com outras disciplinas e esse aspecto é ainda mais importante naqueles cuja arquitetura é mais arrojada, fora do convencional. Nesse projeto de uma concessionária de automóveis da Figura 15.11, por exemplo, certamente houve uma consultoria com um especialista em estruturas na concepção para viabilidade da arquitetura.

Figura 15.11

Fonte: Foto Arco Editorial, ArcLuz, 2024.

No caso do prédio abaixo, para conceber o máximo de balanço com o mínimo de apoio, foi essencial a consultoria do engenheiro calculista na concepção do projeto. Sem essa consultoria inicial, tal solução não seria possível.

Figura 15.12

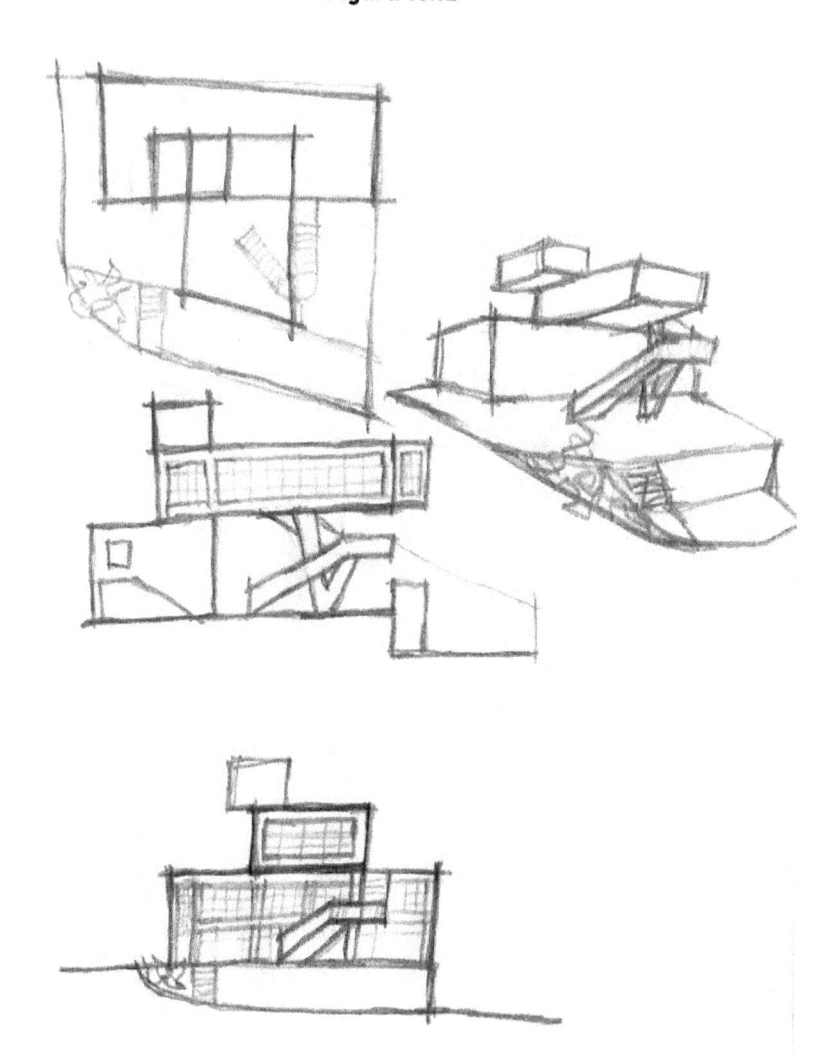

Fonte: Elaborada pelo autor.

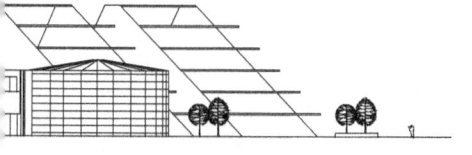

Figura 15.13

Fonte: Elaborada pelo autor.

Em muitos casos a viabilidade da arquitetura está condicionada às soluções estruturais. E quando trabalhamos com formas diferenciadas, o papel da estrutura é fundamental, sendo a compatibilização entre as áreas necessária para sua resolução.

16 INTERFACES

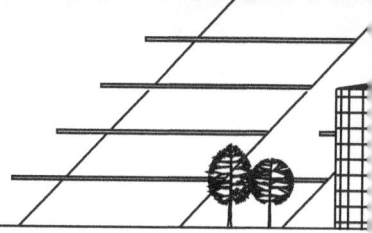

16.1 ESTRUTURA X INSTALAÇÕES

Dentre as interferências mais comuns estão aquelas relacionadas às instalações na estrutura, como tubulações de todos os tipos que cruzam vigas ou prumadas que passam por pilares etc. Na ocorrência de tais junções, muitas vezes a solução não é complexa. O aspecto principal é o calculista adotar as medidas necessárias para as passagens na estrutura.

Na passagem de tubulações em vigas de concreto armado, normalmente o calculista prevê uma espera um pouco maior que o diâmetro da tubulação e promove o reforço da ferragem ao redor para compensar a ausência desse volume de concreto na viga. Vale ressaltar que isso pode depender do diâmetro da tubulação e da altura da viga.

As figuras a seguir ilustram os furos previstos em vigas:

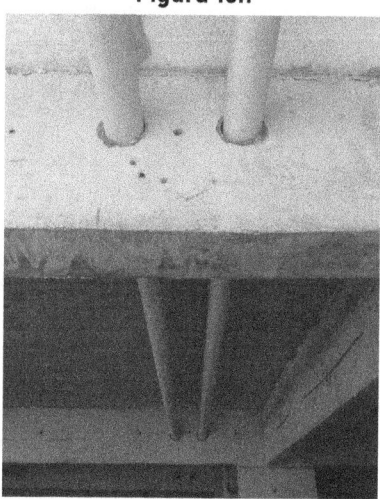

Figura 16.1

Fonte: Engeloc Furos.

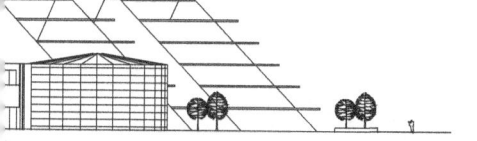

Figura 16.2

Fonte: Hiagobc.

Figura 16.3

Fonte: O Canal da Engenharia, 2017 (YouTube).

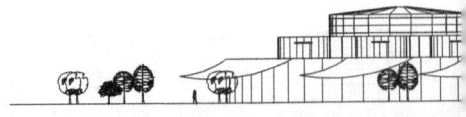

Quando essa interferência ocorre em perfis metálicos, a solução pode ser até mais simples, porém a previsão é fundamental, afinal não se pode furar um perfil metálico sem um reforço previsto. Esse procedimento é comum desde que verificado e resolvido em projeto com a compatibilização. No entanto, caso isso não ocorra, muitas vezes realiza-se a furação em uma viga *in loco* na obra, isso pode acarretar sérios problemas, pois uma vez concretada a estrutura não há como fazer interferências sem riscos.

16.2 INSTALAÇÕES X ARQUITETURA X MOBILIÁRIO

Em estabelecimentos comerciais como lojas (de rua ou shoppings), há sempre várias disciplinas envolvidas, incluindo o mobiliário. Na maioria das vezes a elétrica, iluminação, ar-condicionado, forros de gesso, painéis, mobiliário, serralheria, vitrines etc., são executados quase que ao mesmo tempo. É uma tarefa que exige uma coordenação afinada e, principalmente, uma compatibilização precisa. Isso se deve ao fato de a execução ser feita ao mesmo tempo devido ao exíguo prazo determinado. Visto que o cliente quando inicia a obra já está arcando com os custos de aluguel do local.

Geralmente as obras comerciais são rápidas e exigem um planejamento eficiente. Nesses casos é fundamental que o projeto executivo mereça total atenção, em especial a compatibilização, pois qualquer falha nessa etapa pode incorrer em atrasos e até improvisos durante a obra, por isso a análise na sobreposição de projetos deve ser feita de forma minuciosa.

Nas figuras 16.4 e 16.5 podemos observar que todos os desvios de tubulações e perfurações na estrutura devem ser previstos.

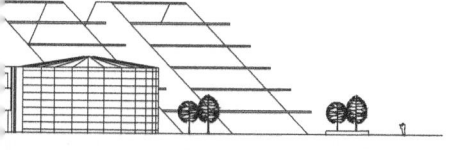

Figura 16.4

Fonte: Portal; Csanyi, 2023.

Figura 16.5

Fonte: Atkore Vergokan, 2024.

16.2.1 Lojas

Na fase da concepção do projeto, a ambientação deve ser concebida em conjunto com as instalações e mobiliário, pois todos esses itens contribuem ao mesmo tempo para a formação do ambiente. A compatibilização de iluminação, instalações e mobiliário é essencial para criar um ambiente coeso e funcional.

Figura 16.6

Fonte: Douglas Daniel.

Figura 16.7

Fonte: Divulgação Morumbi Town Shopping.

Já a iluminação, seja aparente ou embutida, tanto no ambiente ou mobiliário, é uma área que apresenta grandes interferências e, portanto, devem ser bem compatibilizadas. Isso se estende ao posicionamento dos quadros de força, interruptores, tomadas e pontos de luz, considerando também os pontos de força específicos se 110 v ou 220 v.

16.2.2 Cozinhas e restaurantes

Em uma cozinha industrial ou residencial, para o perfeito funcionamento, o mobiliário deve conter todas as passagens de tubulações, pontos de elétrica e iluminação. Isso implica em uma análise cuidadosa de todas as interferências que possam ter, garantindo um ambiente operacional e seguro.

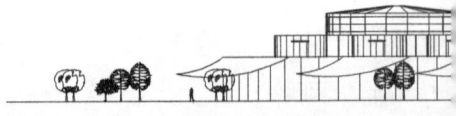

Figura 16.9

Fonte: Novo Negócio.

16.2.3 Cozinha residencial

ESTUDO DE CASO 3 – REFORMA DE UM APARTAMENTO

Reformas geram imprevistos que necessitam de soluções criativas a partir da compatibilização de disciplinas. No projeto de reforma do apartamento do estudo de caso a seguir, um fator inusitado ocorreu no momento da execução da cozinha. Esta situação destaca que em reformas lidamos com possíveis imprevistos, pois nem sempre temos o original ou informações completas sobre a estrutura existente, o que torna difícil a compatibilização do projeto de reforma, mas com cuidado e criatividade conseguimos resolver os problemas. Felizmente, nesse caso, o prédio não era muito antigo e o síndico possuía quase todos os projetos, arquitetura, estrutura e instalações, os principais elementos para elaborar o projeto com segurança.

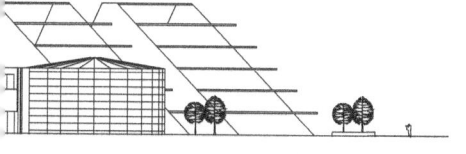

Figura 16.10 Projeto 10

Fonte: Elaborada pelo autor.

Nesta planta, o projeto previa o conceito aberto do ambiente fazendo a integração da cozinha com a copa, para isso uma parede teria que ser demolida e seria instalada uma península. Esta serviria de balcão e comportaria o fogão, exaustor, máquina de lavar louça e gabinete com gavetas.

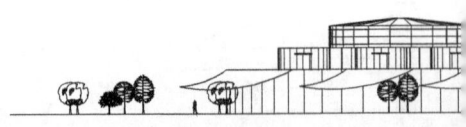

Figura 16.11 Projeto 10

Fonte: Fotografia do autor.

Para retirar a parede, todas as plantas de estrutura e hidráulica foram revisadas, assegurando que não houvesse nenhum elemento estrutural ou tubulação hidráulica. Entretanto, apesar de não encontrar nenhuma interferência dessas disciplinas, ao demolir a parede, nos deparamos não apenas com uma viga, mas também com uma prumada de hidráulica que não constavam nos projetos do prédio.

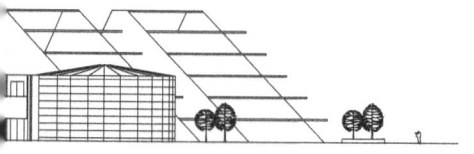

Figura 16.12

Fonte: Fotografia do autor.

Figura 16.13

Fonte: Fotografia do autor.

Figura 16.14

Fonte: Fotografia do autor.

Como não poderíamos mover esses itens, exploramos alternativas que permitissem mantê-los no lugar e que viabilizassem a execução do projeto original. Optamos por desviar o balcão para que pudesse envolver o cano e escondê-lo e quanto à viga presente, resolvemos instalar um forro de gesso rebaixado com iluminação para disfarçá-la.

Observa-se nas figuras a seguir, que o cano da prumada de hidráulica foi escondido por uma caixa de madeira revestida em aço escovado, combinando com o fogão e exaustor do mesmo material. Portanto, para resolvermos o problema criamos uma prateleira para interligá-los, resultando na criação de um móvel no local.

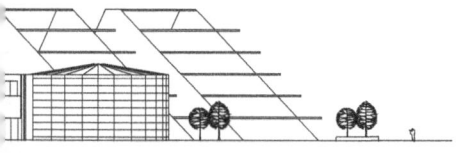

Figura 16.15

Fonte: Fotografia do autor.

Figura 16.16

Fonte: Fotografia do autor.

Figura 16.17

Fonte: Fotografia do autor.

16.2.4 Restaurante

ESTUDO DE CASO 4 - REFORMA DA COMEDORIA DO SESC CARMO - SP

No projeto de modernização das Comedorias 1 e 2 do Sesc Carmo, centro de São Paulo, a prioridade era atender ao contingente diário de pessoas na hora do almoço de forma eficiente. Isso envolveu não apenas a logística de reposição dos alimentos nas ilhas, mas também integrar ao mobiliário específico os projetos de instalações elétricas, refrigeração e exaustão.

Neste caso, a compatibilização das áreas exerceu um papel fundamental para que tudo funcionasse de acordo com os requisitos exigidos. Trabalhamos desde a fase do estudo preliminar com os engenheiros de instalações para conceber tanto o layout e o complexo fluxograma quanto o projeto de mobiliário. Para isso, foi necessário que os pontos de elétrica e hidráulica fossem embutidos no mobiliário, projetado exclusivamente para esse fim, assim como o sistema de iluminação e exaustão, que funcionaria conforme o layout estabelecido.

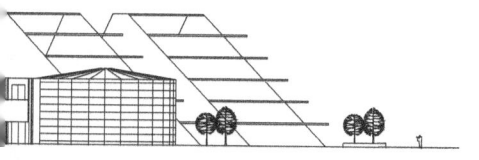

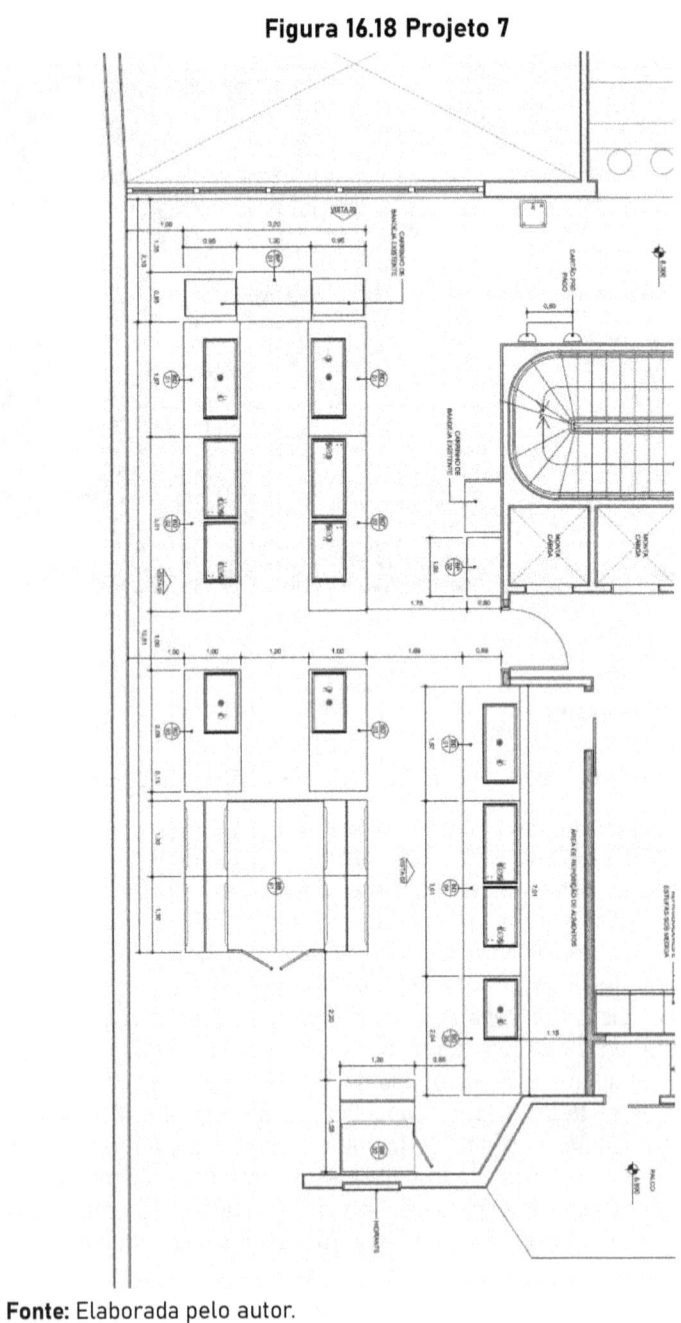

Figura 16.18 Projeto 7

Fonte: Elaborada pelo autor.

MOBILIÁRIO

Figura 16.19 Projeto 7

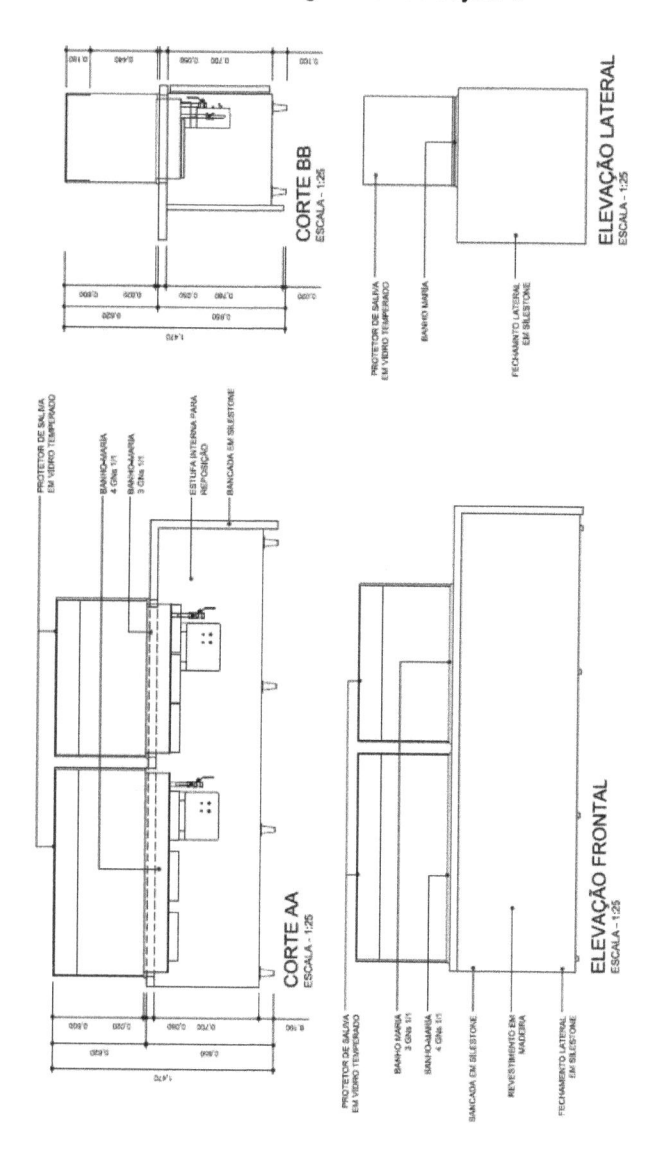

Fonte: Elaborada pelo autor.

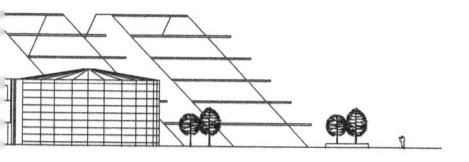

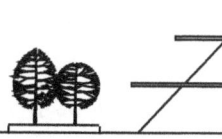

17 COMPATIBILIZAÇÃO DE PROJETOS EM BIM

A crescente busca por eficiência dos processos, desde o projeto até a entrega da obra, impulsionada pela constante demanda na redução dos prazos de execução, sistemas e materiais ecológicos e tecnológicos e minimização de desperdícios, tem exigido que a evolução tecnológica na indústria da construção civil nos traga mais soluções a diversas questões que envolvem o segmento. Nesse contexto, contamos com o Building Information Modeling (BIM), um sistema eficiente de desenvolvimento, coordenação e compatibilização de projetos.

Até meados da década de 1980, no Brasil os projetos eram desenhados no papel, os ambientes, ferramentas e operações eram totalmente físicas, e como vimos nos capítulos anteriores a compatibilização era feita com a sobreposição das folhas. Com a utilização dos softwares como o AutoCAD e similares os projetos passaram a ser desenhados em ambientes informatizados. Embora o papel e a lapiseira não perdessem a sua função, muitos arquitetos lançam mão desse recurso no processo de concepção dos projetos, mas a partir dessa etapa inicial, todo o processo de desenvolvimento caminha a passos largos na estrada da evolução tecnológica. E esta nos trouxe o sistema BIM, o qual veremos a seguir.

17.1 A METODOLOGIA BIM

Segundo Eastman (2008), o BIM é um processo de trabalho que abrange toda a cadeia da construção civil, integra e gerencia as informações e características de um edifício, em um modelo 3D virtual e inteligente. É importante observar que o método pode envolver todas as etapas da construção, desde a incorporação e planejamento da obra até a manutenção da edificação.

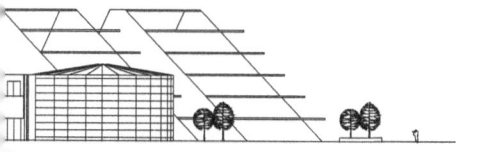

Ao abordamos o processo de compatibilização em BIM, é importante salientar que não é apenas um produto, mas sim um processo. Este se dá por meio de informações, projetos em 3D e software específico, no qual obtemos o resultado esperado. Portanto, o que está em questão não é o produto, e sim o meio pelo qual chegamos a ele.

O produto ao qual nos referimos é o projeto compatibilizado com todas as disciplinas envolvidas. Como já mencionamos anteriormente, os métodos manuais foram substituídos pela tecnologia, hoje praticado por sobreposição de layers no AutoCAD, que envolve a visualização em 3D de todas as interfaces do projeto. O BIM não muda o produto final, mas atinge o mesmo resultado que os métodos anteriores. Por essa razão, não é algo que possa ser considerado uma revolução no mercado da construção civil em termos de objetivo final. No entanto, revoluciona pelo seu método de tornar o processo mais preciso, ágil com todos os envolvidos e, logicamente, em um prazo reduzido.

O BIM é um sistema no qual o projeto é desenvolvido com todas as suas áreas integradas em modelo virtual 3D, dessa forma temos uma visualização da edificação inteira, como se o prédio estivesse pronto, possibilitando identificar e analisar separadamente cada disciplina, por exemplo, as paredes, os pilares, vigas, lajes, instalações elétricas, hidráulicas, portas, janelas e os revestimentos. Esse método proporciona uma compreensão do projeto em sua totalidade ou obter informações somente de um item em separado, conforme necessário.

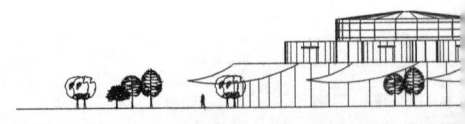

Com base no exposto, observamos que é um método que de fato revoluciona todo o processo de desenvolvimento dos projetos, no qual a leitura é feita de forma tridimensional, realista e interativa e todos os agentes e elementos envolvidos estão juntos, mas também podem ser examinados separadamente. Cada elemento carrega todas as informações necessárias disponíveis para verificações, simulações e cálculos. Para exemplificar, uma parede pode vir com as informações do tipo de bloco, a quantidade a ser utilizada e o traço da argamassa, enquanto uma viga poderá conter a quantidade de concreto, as características da armadura, a quantidade de madeira para as fôrmas e assim por diante. Dessa forma, a ferramenta permite não apenas a tarefa de compatibilização entre os projetos, mas também facilita obter um planejamento de quantidade, tempo e custos da obra. Por esse raciocínio podemos concluir que há uma agilidade e eficiência nos processos de planejamento da execução, compras, especificações, materiais, referências, mão de obra, planilhas orçamentárias e quantitativas.

A metodologia BIM não se resume a um processo apenas, mas na mudança da forma de trabalho entre os projetistas, no qual o fluxo de informações e ações são feitas de forma integrada, e as pessoas trabalham de forma colaborativa e a esse processo chamamos de interoperabilidade. Esse procedimento permite que todos trabalhem de forma integrada, porém não necessariamente ao mesmo tempo. Todos os profissionais envolvidos trabalham em uma mesma base, um modelo federado, preferencialmente hospedada na nuvem, por meio de um CDE (Common Data Environment – Ambiente Comum de Dados).

A função do CDE vai além de um repositório de arquivos, ele também serve como um local de visualização do modelo, sala de reunião e ambiente de trocas e gestão de documentos. Em uma analogia com o mundo real, o CDE seria um local pertencente ao empreendimento em que teríamos os modelos de cada disciplina, uma sala de arquivos de documentos, quadro de avisos, local de reunião e central de comunicação. Hoje em dia, o mercado oferece diversas opções de CDEs por preços acessíveis e com grande capacidade operacional. Uma vez que compreendemos que o BIM envolve um modelo informacional (paramétrico) e um ambiente de gestão da informação integrado e online, podemos entender o processo de projeto.

Da mesma forma que no método convencional, dentro da metodologia BIM, cada projetista irá elaborar seu próprio projeto, utilizando o software de sua preferência. Entretanto, há uma diferença básica: eles são desenvolvidos a partir de uma base comum tridimensional e parametrizada. Por exemplo, um projetista de instalações não desenvolverá seu projeto a partir de uma planta de arquitetura no AutoCAD, desenhando linhas que representem os elementos de projetos, puxando legendas ou amebas de informação, lincando com tabelas disponíveis nas pranchas. No caso do BIM, o projetista-modelador utilizará um programa específico de modelagem BIM, e seu primeiro passo será integrar o modelo base, seja na própria base nativa (Revit para Revit, por exemplo)

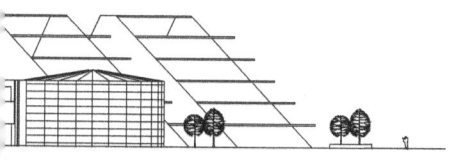

ou através do formato aberto IFC. Essa base já trará no DNA dos componentes todas as informações necessárias para elaboração do projeto e ao criar seu próprio modelo, o projetista inserirá novos elementos (não linhas, mas objetos "reais") com características próprias já imputadas, os parâmetros. Esse processo será repetido por todas as disciplinas, supervisionado pelo coordenador de projeto, e seguindo um documento comum chamado de Plano de Execução BIM (PEB ou BEP, no inglês) (Arq. Mario A. Mancuso Jorge, especialista em BIM, 2024)[4].

O modelo federado, também conhecido como multidisciplinar, consiste em um arquivo gerado ou integrado por softwares BIM, envolvendo diversas especialidades, tais como arquitetura, cálculo estrutural, instalações hidrossanitárias, elétrica e ar-condicionado. Essencialmente, trata-se da integração de todos esses trabalhos em um único modelo central. De acordo com definição do BIM Dictionary, o modelo federado é um modelo BIM que vincula (não mescla) diversos modelos monodisciplinares. Ao contrário dos integrados, os federados não mesclam as propriedades dos modelos individuais em uma base de dados única. Em vez disso, os componentes são conectados uns aos outros, mas permanecem distintos, uma vez que eles não perdem sua integridade. Dessa forma, o modelo federado pode ser atualizado de modo síncrono, mediante ajustes em qualquer um dos modelos (Autodoc, 2023).

COMPATIBILIZAÇÃO DE PROJETOS EM BIM

A metodologia BIM não interfere na integridade, qualidade, melhoria ou interfere no projeto, ou seja, é um processo cujo objetivo é agilizar o desenvolvimento, não há nenhuma interferência da ferramenta quanto a concepção do projeto ou etapa do processo. O objetivo do BIM é tornar o desenvolvimento do projeto e planejamento mais ágil e eficiente e por esse motivo é mais voltado à coordenação e gestão do projeto e pode ser aplicado em qualquer tipo de projeto.

A compatibilização é feita por meio do sistema de modelagem parametrizada e da interoperabilidade e por esse método é possível também fazer estudos, simulações e interações em diferentes

---

4   Informação fornecida pelo Arquiteto Mario A. Mancuso Jorge em 2024.

situações do projeto de forma interativa e facilitado pelo formato visual em três dimensões.

Uma das vantagens da metodologia é que, se utilizado desde o início do projeto, pode servir para uma verificação e visualização mais clara e interativa, possibilitando observações que podem levar a ajustes nas soluções adotadas. Como mencionado anteriormente, ele não interfere na concepção do projeto, mas auxilia na visualização, o que pode beneficiar as soluções arquitetônicas. Com esse procedimento sendo feito desde o início do processo e não somente na etapa do projeto executivo, pode se ter um menor impacto nos custos, pois uma tomada de decisão que gere mudança no início do projeto é menos oneroso que se realizado na etapa do projeto executivo.

Figura 17.1

Gráfico com eixo vertical "Efeito / Custo / Esforço" e eixo horizontal com as fases: Projeto preliminar, Detalhamento do projeto, Documentação, Construção, Operação.

Legenda:
① Habilidade de impactar custo e performance
② Custo de mudanças no projeto
③ Fluxo de trabalho tradicional
④ Fluxo de trabalho BIM

Graphic originated by Patrick MacLeamy, AIA/HOK

Fonte: Patrick Macleamy, Guia Asbea.

Este princípio foi demonstrado por Patrick MacLeamy, CEO da HOK e presidente da BuildingSmart, ao desenvolver a "curva de MacLeamy", em 2005. No gráfico acima, percebemos que a compatibilização feita por BIM proporciona uma análise mais abrangente e antevendo alguma situação conflitante desde as primeiras etapas mesmo que o projeto já esteja na fase de detalhamento.

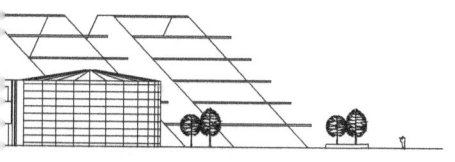

17.2 A PRIMEIRA ETAPA REFERE-SE AOS REQUISITOS DE INFORMAÇÃO E AO PEB

Esses requisitos fazem parte do conjunto de informações necessárias para o reconhecimento e análise do projeto. Neles são armazenadas informações técnicas do projeto como área total construída, uso da edificação, número de pavimentos, localização e índices construtivos. Além de informações do produto como programa de necessidades, normas, especificações que podem influenciar no desenvolvimento do projeto.

O PEB, Plano de Execução BIM, traz as normas de desenvolvimento do projeto, como matriz de competências e responsabilidades, descrição do repositório de arquivos, versões de softwares, requisitos de modelagem, padrão de entrega etc. Para a modelagem, há um ponto a mais a ser considerado, que é a IDS.

A IDS – Information Delivery Specification, ou Especificação de Entrega de Informação, trata-se de um sistema desenvolvido pela Building Smart para entregas de requisitos de modelagem e informações contidas nos modelos. A partir dele é possível determinar bases da modelagem como níveis, Ifc, nomenclatura de elementos etc. Essas informações podem ser acessadas e verificadas automaticamente a qualquer momento pelo projetista para checar se o modelo está devidamente ajustado ou adequado às bases determinadas anteriormente. É um item que facilita a checagem do projeto e permite antecipar problemas.

17.3 MODELAGEM PARAMETRIZADA E SOFTWARES

Os modelos federados BIM possuem um conjunto de elementos com dados e informações do projeto de cada disciplina envolvida, gerenciados pelo modelo de arquitetura. Cada disciplina contém em seu modelo o projeto e informações inseridos em cada elemento e arquivo IFC. Além das interferências de projeto, os diversos parâmetros disponibilizados em cada modelo possibilitam a checagem de informação automática em qualquer momento.

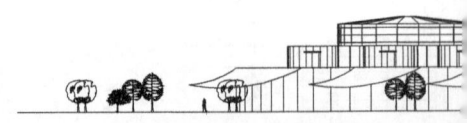

O modelo BIM possui inúmeros recursos e características próprias, é a base de todo o processo de desenvolvimento do projeto. Quando utilizado de forma completa e eficaz, amplia as opções de atividades disponíveis. Dentre essas possibilidades, é possível verificar o atendimento à legislação, às diretrizes urbanas, aos códigos de obra, à aplicação de normas da ABNT, à topografia, ao desempenho térmico e acústico, ao impacto ambiental etc.

Figura 17.2

Fonte: Nazário, 2022.

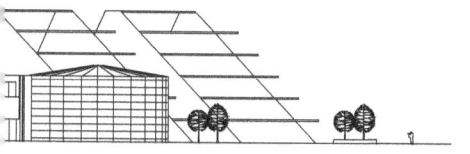

No mercado há vários softwares de utilização como ferramenta para o BIM, em muitos casos o Autodesk Revit é amplamente utilizado, nele a compatibilização é feita dentro de algum software nativo em um fluxo em que todos os projetistas trabalham na mesma plataforma. Além disso, a Autodesk oferece diversos outros recursos como seu próprio CDE e o aplicativo de compatibilização e planejamento, Navisworks. Entretanto, em um fluxo OpenBIM, no qual cada projetista trabalhará com um software diferente, a integração de modelos é feita através dos arquivos Ifc. Além do óbvio cuidado com a interoperabilidade, é necessário um aplicativo de visualização, federação e checagem. No mercado, as duas opções que merecem maior destaque são o SOLIBRI, da empresa Finlandesa Nemetschek, e o BIMCollab Zoom, da holandesa Kubus (Arq. Mario A. Mancuso Jorge, especialista em BIM, 2024.)[5].

17.4 PROCESSO DE COMPATIBILIZAÇÃO EM BIM

No processo de compatibilização do BIM todas as disciplinas deverão estar com o material completo, incluindo arquivos dos projetos em 2D (plantas, cortes, fachadas), documentos, determinações de incorporação, construção, relatórios, consultorias etc., para que o coordenador do projeto tenha em mãos todas as informações necessárias para iniciar o processo de compatibilização. É fundamental para o BIM que se disponha do máximo de documentos de cada disciplina. Todos eles deverão ser validados pelas bases do PEB. O coordenador, conforme mencionado em capítulo anterior, é responsável pelo andamento, checagem, controle e fluxo de informações do projeto.

Por ser um produto interativo, a visualização e desenvolvimento de forma tridimensional possibilitam uma análise mais criteriosa, não somente pelos clashs (busca de colisões e interferências), como são chamados os pontos de conflito nas interfaces, mas também na junção e a aproximação das disciplinas podem gerar às vezes soluções melhores para o projeto. Nesse sentido, a compatibilização ocorre com a visualização de todos os agentes, como uma tubulação atravessando uma viga, um encanamento de esgoto no mesmo nível de outro, a face de um pilar passando no vão de uma janela e assim por diante. Com a ajuda da metodologia BIM, tudo isso é observado de forma clara e objetiva, visando uma solução precisa com uma checagem criteriosa das interfaces. Os benefícios de uma compatibilização bem executada pode atuar diretamente nos custos do empreendimento, tempo de execução, otimização de material, entre outros fatores.

Conforme citado, a metodologia BIM proporciona uma análise e checagem dos projetos de forma mais rápida e precisa. Uma fonte de verificação e checagem dos processos de projeto é o manual

---

5   Informação fornecida pelo Arquiteto Mario A. Mancuso Jorge em 2024.

de escopo de serviços do Secovi (Sindicato das Empresas de Compra, Venda, Locação ou Administração de Imóveis Residenciais ou Comerciais), nele há várias informações sobre itens a serem entregues em cada etapa de projeto e por disciplina, o que pode ajudar bastante no desenvolvimento e coordenação dos projetos.

17.5 GESTÃO DE OCORRÊNCIAS - BCF

Nesta última etapa do processo, realiza-se uma verificação e análise dos modelos, onde são listadas as várias ocorrências, chamadas de "issues". No levantamento dos pontos de convergência, colisão e clashs, são determinados os níveis de gravidade, tipo e propriedade de issues. Há também os soft clash, que ocorrem quando a distância mínima não é respeitada, e os hard clashs, nos casos de sobreposição de elementos. As issues podem ser classificadas por tipos:

a. Erro de modelagem: como o nome diz, algo que o modelador confundiu ao elaborar a modelagem.
b. Erro de projeto: pode ser desde um erro de premissa, descumprimento de alguma norma, engano ao atender itens do programa de necessidades ou, simplesmente, uma má solução.
c. Colisão (clash): interferência entre dois elementos que não podem estar no mesmo lugar ou um atravessar o outro. Devemos lembrar que muitas vezes, a detecção de clashs aponta "falsos positivos", como eletrodutos flexíveis que encontram elementos no modelo, mas que sabemos que na realidade isso é facilmente contornável; ou tubulações, por exemplo, que atravessarão vigas, mas cuja furação não está indicada em modelo.
d. Ponto de atenção: um excelente exemplo são cantos para dutos de ar-condicionado para montagem em flanges, que muitas vezes não aparecem em modelos nem são considerados em projeto, mas podem causar dificuldades e até a inviabilidade técnica em obra.
e. Informação: parecido com o item anterior, pode ser uma chamada em algum ponto relacionado a outra disciplina ou modelo. Em certos softwares é possível acrescentar hyperlinks.

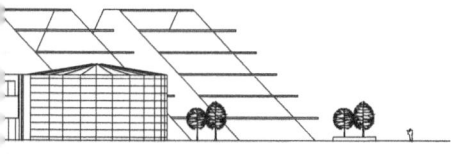

A identificação dos diversos níveis de interferência serve para priorizar as tomadas de decisões e orientar a compatibilização. Nesse sentido, há mudanças que interferem bastante no projeto, como uma alteração de seção de viga ou mesmo um furo de espera para passagem de duto. Além disso, existem também as interferências de menor impacto, como a passagem de uma tubulação flexível sobre o forro que poderá contornar facilmente um pilar.

É importante salientar que muitas dessas interferências podem ser detectadas antecipadamente se a compatibilização começar na fase inicial do projeto. As ocorrências geradas pelas análises dos modelos são englobadas em um arquivo de formato BCF – BIM Collaborate Format. O BCF é um formato de arquivo aberto e não proprietário, dentro da premissa de OpenBIM da Buildingsmart. Podemos entendê-lo como um banco de dados com todas as ocorrências apontadas (Arq. Mario A. Mancuso Jorge, especialista em BIM, 2024)[6].

Há diversas plataformas de controle, visualização de IFC, análise dos processos e gestão do projeto por meio da metodologia BIM. Este capítulo teve o objetivo de apresentar a metodologia e seus diversos recursos, softwares e ferramentas no processo de compatibilização dos projetos em BIM. Porém há um campo muito vasto a ser explorado nesse sistema para quem deseja se aprimorar nesse universo, que é apontado como sendo o método mais eficiente e tecnológico para o desenvolvimento dos projetos, orçamentos, planejamento e controle de obras.

---

6   Informação fornecida pelo Arquiteto Mario A. Mancuso Jorge em 2024.

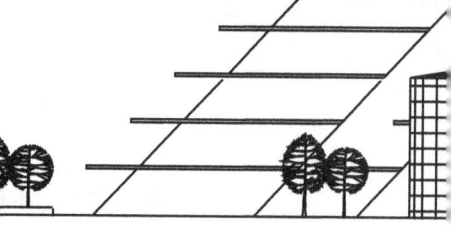

18 CONCLUSÃO

Os diversos agentes envolvidos em um projeto arquitetônico, desde as questões técnicas até as complexidades diversas de programas, demandam uma organização grande no processo de desenvolvimento destes. A constatação de inúmeras falhas, improvisos e atrasos em uma obra ocorre em função de interferências entre as disciplinas, como tubulações tendo que contornar vigas ou perfurá-las, janelas que precisam ser deslocadas devido à existência de pilares, pés-direitos baixos em função da existência de vigas etc., pelo simples fato de não terem sido previstos e compatibilizados durante desenvolvimento do projeto. Além disso, a busca pela eficiência nos processos de construção, com sistemas e métodos construtivos que geram melhor desempenho com uso de materiais ecológicos, redução de desperdícios de materiais, resulta em uma certeza de que a compatibilização dos projetos é uma etapa imprescindível no desenvolvimento do projeto executivo.

Dessa forma, a compatibilização de projetos se insere nesse contexto como um mecanismo de fundamental importância, visto que é necessário que o projeto esteja totalmente resolvido entre todos os seus complementares para não incorrer em imprevistos e possíveis impactos em uma obra.

A sobreposição de plantas como método de análise das interfaces, desde a época em que os projetos eram desenhados à mão até o uso do BIM, foi abordada e ilustrada neste livro. O intuito foi mostrar que este processo sempre foi e será, independente se em 2D ou em 3D, a melhor maneira de se evitar erros e desperdício de material, de tempo e dinheiro na execução de uma obra.

A compatibilização de projetos nem sempre é uma etapa abordada na faculdade de arquitetura, às vezes sequer é citada, mas que possui uma grande relevância e exerce um papel de extrema importância no desenvolvimento dos projetos e na cadeia produtiva da execução e planejamento de uma obra.

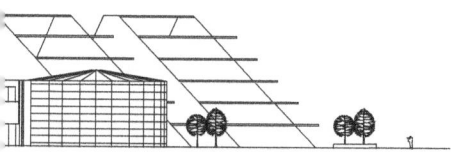

A coordenação de projetos assume o papel principal de regente dessa orquestra composta pelas diversas disciplinas, liderando a etapa de compatibilização, garantindo as soluções de interfaces e do cronograma do projeto.

19 ÍNDICE DE PROJETOS AUTORAIS

. Projeto 1: Estudo Preliminar residência Abad
. Projeto 2: Projeto Legal residência Antonello
. Projeto 3: Pré Executivo residência José Carlos
. Projeto 4: Projeto Executivo residência Antonello
. Projeto 5: Projeto Executivo residência José Carlos
. Projeto 6: Projeto Executivo UBS Jardim Miriams
. Projeto 7: Projeto Executivo Comedoria Sesc Carmo
. Projeto 8: Clínica Odontológica Sesc Santos
. Projeto 9: Estudo Preliminar edifício comercial
. Projeto 10: Projeto Executivo apartamento Richard
. Projeto 11: Projeto Executivo edifício Rota Logística

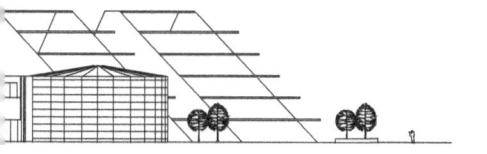

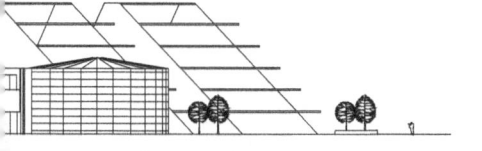

20 ÍNDICE DE FOTOGRAFIAS

Figura 8.2: Obra residência Adalberto (Acervo do autor).
Figura 13.6: Residência José Paulo (Acervo do autor).
Figura 13.7 Residência José Paulo (Acervo do autor).
Figura 15.2: Cozinha comedoria Sesc Carmo (Acervo do autor).
Figura 15.3: Cozinha residência Samir (Acervo do autor).
Figura 16.11: Projeto 10: Projeto Executivo apartamento Richard (Cozinha) (Acervo do autor).
Figura 16.12: Projeto 10: Projeto Executivo apartamento Richard (Cozinha) (Acervo do autor).
Figura 16.13: Projeto 10: Projeto Executivo apartamento Richard (Cozinha) (Acervo do autor).
Figura 16.14: Projeto 10: Projeto Executivo apartamento Richard (Cozinha) (Acervo do autor).
Figura 16.15: Projeto 10: Projeto Executivo apartamento Richard (Cozinha) (Acervo do autor).
Figura 16.16: Projeto 10: Projeto Executivo apartamento Richard (Cozinha) (Acervo do autor).
Figura 16.17: Projeto 10: Projeto Executivo apartamento Richard (Cozinha) (Acervo do autor).

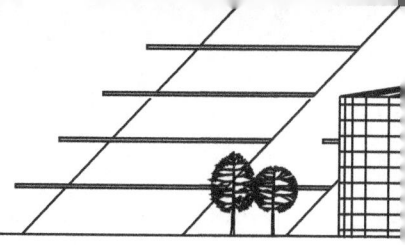

REFERÊNCIAS

ARCLUZ. Loja Ferrari. Projetos. *Foto Arco Editorial.* Disponível em: <http://www.arcluz.com.br/projetos>. Acesso em: 16 mai. 2024.

ASSOCIAÇÃO BRASILEIRA DE NORMAS TÉCNICAS. *ABNT NBR 15575*: Edificações habitacionais – Desempenho Parte 1: Requisitos Gerais. Rio de Janeiro: 2013.

ASSOCIAÇÃO BRASILEIRA DE NORMAS TÉCNICAS. *ABNT NBR 16636*: Elaboração e desenvolvimento de serviços técnicos especializados de projetos arquitetônicos e urbanísticos. Parte 2: Projeto arquitetônico. Rio de Janeiro: ABNT, 2017.

ASSOCIAÇÃO BRASILEIRA DE NORMAS TÉCNICAS. *ABNT NBR 10647*: Desenho técnico. Rio de Janeiro: ABNT, 1989.

ASSOCIAÇÃO BRASILEIRA DE NORMAS TÉCNICAS. *ABNT NBR 13532*. Elaboração de projetos de edificações – Arquitetura. Rio de Janeiro: ABNT, 1995.

ASSOCIAÇÃO BRASILEIRA DE NORMAS TÉCNICAS. *ABNT NBR 16280*: Reforma de edificações – Sistema de gestão de reformas – Requisitos. Rio de Janeiro: ABNT, 2014.

ASSOCIAÇÃO BRASILEIRA DE NORMAS TÉCNICAS. *ABNT NBR 16636-2*: Elaboração e desenvolvimento se serviços técnicos especializados de projetos arquitetônicos e urbanísticos Parte 2: Projeto arquitetônico. Rio de Janeiro: ABNT, 2017.

ASSOCIAÇÃO BRASILEIRA DE NORMAS TÉCNICAS. *ABNT NBR 6492*: Representação de projetos de arquitetura. Rio de Janeiro: ABNT,1994.

ATKORE, Vergokan. *Cable support systems in shopping centres – Vergokan.* Disponível em: <https://www.vergokan.com/en/Solutions/Commercial+markets/Shopping/Marks+&+Spencer>. Acesso em: 21 mai. 2024.

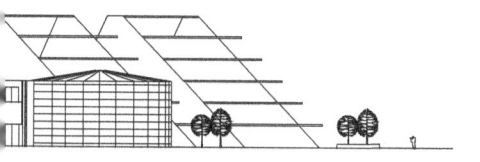

BARROS. Paulo de Tarso. *O novo papel do gerente de projetos no século XXI*. Disponível em: <https://blog.fiaonline.com.br/papel-gerente-de-projetos?utm_source=google&utm_medium=cpc&&hsa_cam=20990136182&hsa_grp=&utm_term=&hsa_ad=&gad_source=1&gclid=Cj0KCQjw6auyBhDzARIsALIo6v8pibBxuTA6-eQNNxTlOPxXTjyzjJV4tkPJNCfqLkF7e9mxgNgTA_kaAofHEALw_wcB>. Acesso em: 20 mai. 2024.

BRASIL. *Conselho de Arquitetura e Urbanismo do Brasil.* CAU. FAQ | Arquitetos. Disponível em: https://www.caubr.gov.br/vidas/?page_id=36. Acesso em: 13 mai. 2024.

BRASIL. *Manual obras públicas projeto — Pdf*. Portal de Compras do Governo Federal. Disponível em: <https://www.gov.br/compras/pt-br/acesso-a-informacao/manuais/manual-obras-publicas-edificacoes-praticas-da-seap-manuais/manual_obraspublicas_projeto.pdf/view>. Acesso em: 21 mai. 2024.

CALLEGARI, S. *Análise da Compatibilização de Projetos em Três Edifícios Residenciais Multifamiliares* - Arquitetura e Urbanismo. Dissertação. Universidade Federal de Santa Catarina. Florianópolis, 2007.

COGÔ, Saint-Clair Teixeira. *Principais erros dos arquitetos*. LinkedIn. Disponível em: <https://www.linkedin.com/pulse/principais-erros-dos-arquitetos-saint-clair-teixeira-c%C3%B4go/>. Acesso em: 16 mai. 2024.

COUTO, J. P.; COUTO, A. M. *Importância da revisão dos projectos na redução dos custos de manutenção das construções.* In: CONGRESSO CONSTRUÇÃO 2007, Coimbra, Portugal. Universidade de Coimbra, 2007.

DANIEL, Douglas. *SHOWROOM ABOUT NOTHING*. 1 Foto - Lemca Iluminação. Disponível em: <https://www.lemca.com.br/projetos/showroom-about-nothing/>. Acesso em: 22 mai. 2024.extraindo-documentacao-ativa-de-metadados-atraves-de-base-de-dados-de-modelos-3d/>. Acesso em: 21 mai. 2024.

ENGELOC FUROS. *Perfuração em Concreto.* Disponível em: <https://engelocfuros.com.br/>https://engelocfuros.com.br/

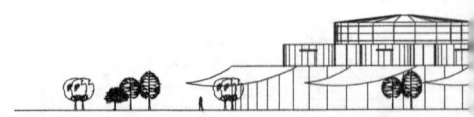

wp-content/uploads/2021/07/WhatsApp-Image-2021-07-12-at-14.51.16.jpeg. Acesso em: 16 mai. 2024.

ENGINEERING DISCOVERIES. *26+ Biggest Plumbing Construction Mistakes*. Disponível em: <https://engineeringdiscoveries.com/26-biggest-plumbing-construction-mistakes/>. Acesso em: 16 mai. 2024.

EQUIPE VOBI. *Projeto Executivo de Arquitetura*: O Grande Plano de Ação. Disponível em: <https://www.vobi.com.br/blog/projeto-executivo-de-arquitetura>. Acesso em: 21 mai. 2024.

GONÇALVES, Vinicius. *Como montar uma cozinha industrial [Equipamentos, Layout e Custo]*. Disponível em: <https://novonegocio.com.br/ideias-de-negocios/como-montar-uma-cozinha-industrial/>. Acesso em: 15 mai. 2024.

GUIA ASBEA. *Boas práticas em BIM*. Fascículo II. Disponível em: https://814ebca7fd.cbaul-cdnwnd.com/5d843b06cf3e3040a23211bf82732bf3/200000042-886ab886ae/AsBEA%20Fasc%C3%ADculo%202.pdf?ph=814ebca7fd. Acesso em: 28 mai. 2024.

HAMED, L. *BIM*: Tudo o que você precisa saber sobre esta metodologia. Disponível em: <https://epe.ufc.br/index.php/blog/17-bim-tudo-o-que-voce-precisa-saber-sobre-esta-metodologia>. Acesso em: 21 mai. 2024.

HERTZBERGER, Herman. *Lições de Arquitetura*. São Paulo, Ed. Martins Fontes, 1999.

HIAGOBC. *O que vocês acham desse tubo passando dentro da viga de concreto?* 2016. 1 FOTO. Disponível em: https://construcaocivil.info/o-que-voces-acham-desse-tubo-passando-dentro-da-viga-de-concreto/. Acesso em: 16 mai. 2024.

INFRA AUTODOC. *BIM*: Saiba tudo sobre o modelo federado. Disponível em: <https://autodoc.com.br/conteudos/bim-saiba-tudo-sobre-o-modelo-federado/>. Acesso em: 21 mai. 2024.

KOWALTOWSKI, Doris C.C.; Moreira, Daniel de Carvalho; Petreche, João R.D.; Fabrício, Márcio M. *O processo de projeto*

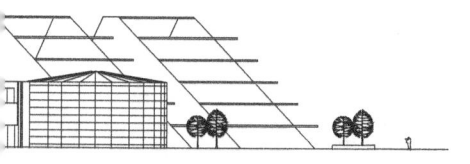

em arquitetura da teoria à tecnologia. São Paulo, Ed. Oficina de textos, Fapesp, 2019.

MANCINI, Gustavo Oliveira. PEDREIRO, Marcelo Rodrigues de Matos. *Manifestações Patológicas em estruturas de concreto armado*. 2023. Revista Ibero Americana de Humanidades, Ciências e Educação – REASE. Disponível em : https://periodicorease.pro.br/rease/article/view/11494. Acesso em: 16. Mai. 2024.

MELHADO, Silvio; Bunemer, Ricardo; LEVY, Cecília; ADESSE, Eliane; LUONGO, Márcio; MANSO, Marco Antônio. *Manual de Escopo de Serviços para Coordenação de Projetos*. AGESP, AsBEA, ABECE, abrasip, ABRAVA, 2006.

MIKALDO JR, Jorge; SCHEER, Sergio. *Compatibilização de projetos ou engenharia simultânea: qual é a melhor solução?* Gestão & Tecnologia de Projetos, São Carlos, v. 3, n. 1, p. 79-99, 2008. DOI: 10.4237/gtp.v3i1.63. Disponível em: https://www.revistas.usp.br/gestaodeprojetos/article/view/50928. Acesso em: 21 mai. 2024.

MONTENEGRO, Gilkdo A. *Desenho Arquitetônico*. São Paulo, Ed. Edgard Blucher Ltda, 2001.

NAZÁRIO, Edvaldo. *Extraindo Documentação Ativa de Metadados, através de Base de dados de Modelos 3D – PÁTRIA Projetos*. Disponível em: <https://patriaprojetos.com.br/133extraindodocumentacao-ativa-de-metadados-atraves-de-base-de-dadosde-modelos-3d/>. Acesso em: 21 mai. 2024.

O CANAL DA ENGENHARIA. *O Furo em Vigas! Como calcular?* YouTube, 5 mai. 2017. Disponível em: <https://www.youtube.com/watch?app=desktop&v=2oRmflK1ISA>. Acesso em: 16 mai. 2024.

PORTAL, E.; CSANYI, E. *Seven golden foundations of good electrical installation work* | EEP. Disponível em: <https://electrical-engineering-portal.com/foundations-good-electrical-installation-work>. Acesso em: 21 maio. 2024.

PROJETUAL ENGENHARIA. *Arquivos Projetos de Instalação Elétrica e Hidráulica – Projetual* | Projetos de Engenharia em Mogi. Disponível em: <https://www.projetualeng.com.br/tag/projetos--de-instalacao-eletrica-e-hidraulica>. Acesso em: 29 mai. 2024.

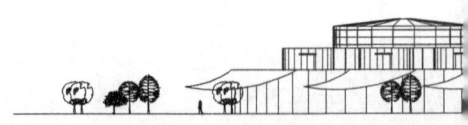

REVITALIZEI. *Compatibilização de projetos* – Construção virtual. Disponível em: <https://revitalizei.blogspot.com/2013/09/compatibilizacao-de-projetos-construcao.html>. Acesso em: 19 mai. 2024.

SANTOS, Geovana. A. M. D; SILVA et al. *A Importância da Compatibilização de Projeto.* Estudo de Caso. Repositório Universitário da Ânima (RUNA). 2022.

SARAPKA, Elaine Maria; SANTANA, Marco Aurélio; MONFRÉ, Maria Alzira Marzagão; VISIOLI, Simone Helena Tanoue; MARCELO, Virgínia Célia Costa. *Desenho Arquitetônico Básico.* São Paulo, Ed. Pini Ltda, 2010.

SEBRAE/PR e SINDUSCON/PR. *Diretrizes gerais Para Compatibilização de Projetos.* Curitiba – Paraná. Editora Sebrae 120p, 1995.

W LOPES ENGENHARIA. *Construtora Archives* – Página 2 de 7. Disponível em: <https://wlopesengenharia.com/tag/construtora/page/2/>. Acesso em: 16 mai. 2024.

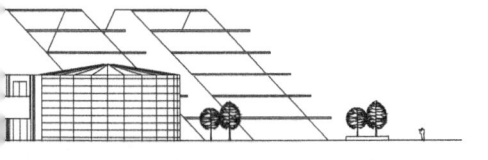

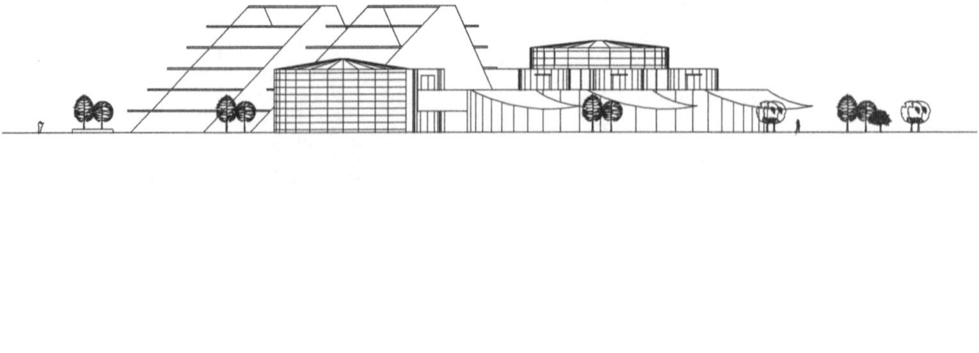